진리가 너희를 자유케 하리라

Veritas vos liberabit
THE TRUTH WILL SET YOU FREE

의식상승시리즈 7

진리가 너희를 자유케 하리라

Veritas vos liberabit
THE TRUTH WILL SET YOU FREE

우데카 지음

빛의생명나무

➜ 목차 ❖

머리말 당신이 하늘이라면 어떻게 하시겠습니까?   8

1부. 영과 혼의 진화여행

상승하는 영혼과 하강하는 영혼   16
상승하는 영혼들의 차원 분포   22
영의 분화와 영혼의 가족   24
상위자아 분화의 원리   28
상위자아의 역할과 임무   30
상위자아 합일   33
최종 상위자아 합일   36
혼의 진화와 분화 과정   39
영혼백의 분리와 죽음의 메커니즘   43
왜 착한 사람들이 죽어야 하나요   46
영이 물질 체험을 하는 이유   51
성령과 천지신명의 비밀   59

2부. 인간의 의식이 구현되는 원리

생명의 창조와 의식의 창조 : 사고조절자	70
성격의 형성과 사고조절자 : 영	74
성격의 형성과 매트릭스 : 혼	79
성격의 형성과 봉인 : 백	87
메타 휴머노이드 의식구현 시스템과 전체의식	94
모나노 시스템	99
알파고와 메타 휴머노이드 의식구현 시스템	105
인간이 불평등하게 살고 있는 이유	108

3부. 하늘의 실체

하늘은 스스로 정한 길을 간다	118
천상정부의 구조 : 상위자아 그룹	122
천상정부의 구조 : 관리자 그룹	125
천상정부의 구조 : 우주공학 시스템	130
하늘의 실체 : 매트릭스의 주관자	134
하늘의 실체 : 프로그램 운영자	139
하늘의 실체 : 차원 관리자	143
하늘의 실체 : 대우주의 전체의식	148

4부. 수행과 기도의 시대를 마감하며

거짓 선지자들의 시대가 열리다	154
지구 행성에 설치된 종교 매트릭스 분석	160
하늘이 당신에게 친절한 이유	169
하늘이 당신에게 친절하지 않은 이유	177
하늘이 준비한 종교 매트릭스의 붕괴	184
하늘이 이럴 수는 없어!!	191
수행과 기도의 시대를 마감하며	197

5부. 하늘을 잃어버린 인류에게

하늘과 땅 사이에	204
지금이 그때인 이유	209
남 죽을 때 죽을래요	219
안전지대 역장의 존재와 아보날의 수여	223
십승지와 미륵사상	227
당신에게 하늘은 무엇입니까?	235
당신은 왜 진리를 찾으십니까?	240
무엇이 그리 두려우십니까?	245

6부. 진리가 너희를 자유롭게 하리라

창조주 역시 진화하는 존재입니다	252
12지파 형성 원리와 상징 분석	259
인류 문명의 기원과 단지파	263
영성의 시대와 종교의 시대	270
빛의 일꾼들의 우주적 신분과 구성	282
하늘이 원하는 빛의 일꾼	288
성인불인	290
성주풀이	296
물질의 창조 원리와 전체의식	302
창조주의 숨결과 생명 에너지	309
생명 탄생의 원리	313
삼신할머니와 마고할머니	317
빛의 심판 : 23코드와 32코드	322
빛의 심판 : 바이러스 난의 실체	328

맺음말 천지불인 : 하늘과 땅은 인자하지 않습니다	332

대우주는 2016년 3월 1일을 기점으로 15차원에서 18차원으로 확대되며 차원상승을 하였습니다. 이에 따라 이 책에서는 각 차원에 대하여 기술할 때 18차원을 기준으로 표현하였습니다.
예) 3차원 지구 → 4차원 지구, 5차원 정신문명 → 6차원 정신문명 등

머리말

당신이 하늘이라면 어떻게 하시겠습니까?

이 글을 읽고 있는 당신에게 묻겠습니다.

당신이 하늘이라면
어떻게 지구 행성의 물질문명을 종결하시겠습니까?
당신이 하늘의 입장이라면
아무것도 모르고
잠들어 있는 인류들에게
지구 행성의 물질문명의 종결이
다가왔음을 어떻게 알리시겠습니까?

당신이 하늘이라면
완고한 종교의 틀 속에 갇혀
자신들의 입맛에 맞는 메시아와
자신들의 눈높이에 맞는 구원자를 기다리는
인류들에게 구름을 타고
우주선을 타고 나타날 수 있겠습니까?

당신이 하늘이라면
서로 갈라지고 찢어지고
서로의 이익만을 위해
자신의 욕망만을 위해
물질의 풍요로움만을 위해 살고 있는
인류들에게 어떻게 보이지 않는 세계의

진실을 이야기할 수 있겠습니까?

당신이 만약 하늘이라면
또 다시 예수님을 보낼 수 있겠습니까?
이 땅에 예수님을 보내
물 위를 걷게 하고
병든 사람을 고쳐 주고
배고픈 자들에게 음식을 나누어 주며
우주적 사랑을 실천하고 있다면
당신은 그를 재림 예수라 믿고 따르실 수 있겠습니까?
당신은 그 예수를 자신이 속한 집단에
위협을 주거나 자신의 이익에 맞지 않는다고
피해를 입지 않을까 두려워하며
2천 년 전 그시대 사람들처럼
핍박하고 죽이지 않을 자신이 있으십니까?

당신이 하늘의 입장이라면
지구 행성의 물질문명이 종결되는 마지막 때에
어떻게 어떤 모습으로
예수와 수많은 불보살들과 미륵들을
이 땅에 보낼지 생각해 보셨습니까?
아무것도 모르는 인류들 앞에
빛의 일꾼들과 역할자들과 사명자들을
어떻게 보낼지 생각해 보신 적이 있습니까?
생각을 해보신 적은 있기는 있으십니까?
이 글을 읽고 있는 당신에게 묻습니다.
당신은 당신의 이웃에 살고 있는

하늘이 숨겨 놓은
이웃집 아저씨와 같고
이웃집 아줌마와 같은
예수님과 수많은 부처들을 알아보실 수는 있겠습니까?
그들이 이미 지상에 내려와
그때를 준비하고 있다고는
생각해 보신 적은 있습니까?
지금이 마지막 그때라면
예수와 부처들과 미륵들은 분명
우리 곁에서 함께 준비되고 있을 것입니다.
당신이 그들을 보게 된다면 알아보실 수 있겠습니까?

그때는 분명 가까이 와 있으며
지금이 바로 그때입니다.
지금은 한 분의 진짜 예수님과
한 분의 진짜 미륵 부처를 위하여
수많은 가짜들이 준비되고 있는 시기이며
변화와 함께
진짜보다는 수많은 가짜 예수와
가짜 미륵과 가짜 창조주들이
자신들의 때를 기다리고 있는 형국입니다.
수많은 쭉정이들을 추려내기 위해
거짓 선지자들이 곳곳에서
당신을 미혹하기 위해 만반의 준비를
마치고 기다리고 있습니다.

이 글을 읽고 있는 당신에게 묻습니다.

당신이 예수라면
당신이 미륵이라면
당신이 창조주라면
당신이 빛의 일꾼이라면
당신은 어떻게 하시겠습니까?
기쁘십니까?
삶의 무게가 느껴져 거부하고 싶으십니까?
아니면 그런 역할을 잘 할 수 있다고
자신만만해 하고 있습니까?

당신이 재림 예수라면
당신은 인류를 위해 무엇을 하시겠습니까?

당신이 미륵 부처라고 한다면
당신이 인류를 위해 무엇을 할 수 있다고 생각하십니까?

당신이 창조주라고 한다면
당신이 지금의 의식 수준을 가진 인류에게
무엇을 할 수 있다고 생각하십니까?
할 수 있는 게 있기는 있습니까?

당신이 빛의 일꾼이라고 한다면
당신은 인류를 위해 무엇을 할 수 있다고 생각하십니까?
당신은 잠자고 있는 인류에게
어떻게 다가가서 그들을 깨울 것입니까?
잠자고 있는 인류들에게 당신은
무엇을 할 수 있다고 믿으십니까?

이 글을 읽고 있는 당신에게 묻습니다.
당신이 예수와 미륵과 빛의 일꾼과 창조주라고
내면의 소리를 듣는다면
그 소리를 어디까지 믿고
어디까지 믿지 않으시겠습니까?

자신의 신념과
자신의 믿음 속에
자신의 경험 속에 갇힌 세상 사람들이
당신이 예수라고
당신이 미륵이라고
당신이 창조주라고
당신이 빛의 일꾼이라고
말해본들 소리쳐본들
누가 당신을 믿겠습니까?

당신이 하늘이라면
지구의 차원상승을 위해
지구의 물질문명의 종결을 위해
마지막 때를 위해
빛의 일꾼들을
어떻게 준비시키고
어떻게 훈련시킬 것인지
생각해보신 적이 있으십니까?
생각해보신 적이 있긴 있습니까?

그 모든 것들에 대한 답은

이미 250만 년 전에 준비되었습니다.
하늘의 계획대로
하늘의 순리대로
땅에서 준비되고 있으며
때가 되면 한 치의 오차 없이
하늘은 예정대로 펼칠 것입니다.

이 글을 읽고 있는
당신이 빛의 일꾼이라면
당신은 지금 무엇을 할 수 있겠습니까?
당신은 지금 당장 무엇을 하시겠습니까?

당신의 건승을 빕니다.

그렇게 될 것이며
그렇게 될 예정이며
그렇게 되었습니다.

2016년 9월
우 데 카

1부
영과 혼의 진화여행

영은
창조주께서 창조한 모든 것들을 체험하고
공부하는 과정이 있습니다
이것은 모든 피조물들에게 주어진
영의 숙명이자 운명인 동시에 대우주의 법칙입니다

상승하는 영혼과 하강하는 영혼

영혼은 모두 상승하는 영혼인 동시에
하강하는 영혼입니다.
영의 기원은
대영의 탄생으로부터 시작합니다.
대영❖은 16차원의 15주영들을 말합니다.

16차원의 대영은 다시
14차원으로 분화를 하고
12차원으로 또다시 분화를 하여
에너지체들로 존재하면서
창조주로부터 사고조절자❖를 부여받아
영의 여행을 시작하였으며 이들은
비물질의 세계에만 존재합니다.

「신과 나눈 이야기」나
서양의 뉴에이지 사상이나
채널링 메시지에 등장하는 이들은 모두
12차원 이상의 존재들을 말하며
'고도로 진화한 존재들'이라고
표현하였습니다.
불교에 등장하는 부처님들이 있는 곳이며
성경에 등장하는 15주영들이나
대천사 그룹들이 계시는 곳입니다.

12차원은 물질의 세계와 비물질세계❖를

대영
창조근원으로부터 빛의 스펙트럼이 15가지로 나누어져 분화하여 모든 영들의 기원이자 분화의 시작이 되는 영

사고조절자
영이 분화되어 나올 때 창조주로부터 부여받는 각자의 고유한 진화의 여정이 담긴 소프트웨어.
의식을 가진 존재들이 각자의 진화의 여정을 가면서 창조행위를 펼칠 수 있도록 하는 창조주의 에너지이며 대우주를 하나로 연결시키는 창조주의 의식

물질세계와 비물질세계
18차원 우주를 기준으로 11차원 이하는 물질세계이며 12차원 이상은 비물질세계. 영이 물질세계를 체험하기 위해 11차원의 주관자로부터 혼 에너지를 부여받아 영혼의 여행을 하게 되며, 12차원 이상에서는 영 단독으로 비물질세계에서 영의 여행을 함

나누는 기준점입니다.
12차원 이상에 본영이 있고
에너지를 다운하여
물질 체험을 하고자 이 세상에 오신 분들을
하강하는 영혼들이라고 하며
이들은 녹색과 푸른색, 남색, 보랏빛을
가지고 하강하였습니다.

영의 분화는 계속해서 이루어지는데
12차원은 10차원으로 분화를 하며
10차원은 8차원으로 분화를 하며
8차원은 6차원으로 분화를 하며
6차원은 4차원으로 분화를 합니다.
영의 분화에 의해
영적 부모와 자녀가 결정이 되며
같은 차원에 수평적으로 분화한 존재들을
그룹영혼✦이라고 하며
수직적으로 분화한 존재들을
패밀리그룹✦이라고 합니다.

| 그룹영혼 · 패밀리그룹
| P.18 도해 참조

12차원 이상의 영들은
10차원과 8차원과 6차원과 4차원에
있는 영들의 부모입니다.
우주가 존재하는 한
한번 맺은 영의 부모와 자녀와의 관계는 영원하며
소멸되지 않습니다.
하강하는 영혼들은
우주에서 영적인 부모 역할을 하게 되며
자신이 분화한 영들이

애인그룹

인생의 프로그램 과정 중에 나를 도와주는 존재들. 의식의 각성을 돕고 나에게 부족한 에너지를 채워주는 삶의 조력자들

잘 진화할 수 있도록 돕는 봉사자와 협력자나 애인그룹❖으로 그 역할이 주어집니다.

영의 분화와 상위자아 분화

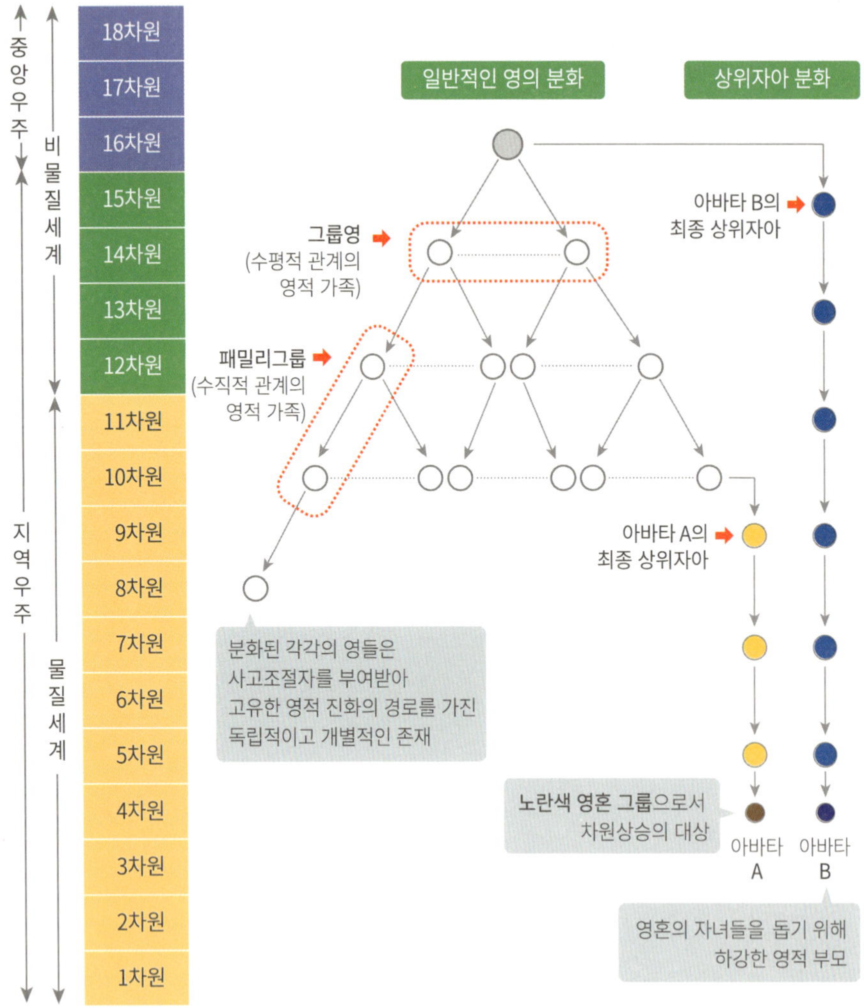

중앙 우주 — 비물질 세계: 18차원, 17차원, 16차원, 15차원, 14차원, 13차원, 12차원

지역 우주 — 물질 세계: 11차원, 10차원, 9차원, 8차원, 7차원, 6차원, 5차원, 4차원, 3차원, 2차원, 1차원

일반적인 영의 분화

- 그룹영 (수평적 관계의 영적 가족)
- 패밀리그룹 (수직적 관계의 영적 가족)

분화된 각각의 영들은 사고조절자를 부여받아 고유한 영적 진화의 경로를 가진 독립적이고 개별적인 존재

상위자아 분화

- 아바타 B의 최종 상위자아
- 아바타 A의 최종 상위자아

노란색 영혼 그룹으로서 차원상승의 대상

아바타 A   아바타 B

영혼의 자녀들을 돕기 위해 하강한 영적 부모

상승하는 영혼이란
자신의 최종 상위자아❖가 9차원과 7차원과
5차원에 계시는 분들을 말합니다.

6차원은 탄생한지 얼마 되지 않은
흰빛 영혼들이 물질 여행을 하는 곳입니다.
흰빛 영혼들이 우점종인 행성이 있으며
지구에서와 같이 다차원 공간에
우주에서의 계급장을 떼고
다차원 행성에 오신 분들도 존재합니다.
8차원에는 태어난 지 조금 오래된
은빛 영혼들이 머물고 있으며
상층부에는 핑크빛 영혼들 일부가 존재합니다.
10차원에는 오래된 영혼으로
물질세계를 졸업할 만큼 진화한
노란빛의 영혼들이 있습니다.
이번에 차원상승의 대상이 되는
산신그룹, 지신그룹, 해신그룹❖이 노란빛 영혼입니다.

지구에는 흰빛과 은빛 그리고 핑크빛과
노란빛 영혼 그룹들이 자신들만의 행성을 떠나
우주에서 물질(어둠)의 매트릭스가 짙어
난이도가 높은 이 지구에까지
물질 체험을 위해 전학 온 학생들이 많은데
이들을 상승하는 영혼들이라고 합니다.
지구라는 학교는
다른 휴머노이드형❖ 우주학교에 비해
12배 이상 학교의 커리큘럼 난이도가 높아
각 행성에서 우수한 학생들만을 골라 받아들인

상위자아

영이 하위 차원으로 아바타를 내보낼 때 함께 분화되며, 아바타와 늘 함께하면서 아바타 인생 프로그램의 관리와 안내를 목적으로 하는 맞춤형 에너지체.
영과 아바타의 중간단계의 홀수차원에 존재하며 아바타의 삶이 종료되면 영에게 다시 돌아감

산신(山神), 지신(地神), 해신(海神)그룹

상승하는 영혼들 중 지구 차원상승 대상이 되는 노란빛 영혼들을 관리하는 5차원 영계의 천사 그룹.
상승하는 영혼들은 이들 그룹과의 중재를 통해 채널링이 가능함. 거주지나 에너지적으로 연결된 지역을 기준으로 구분되며, 각 그룹의 상징물은 다음과 같음
· 산신그룹 : 호랑이, 산신
· 지신그룹 : 나비, 꽃, 잉어
· 해신그룹 : 용왕, 거북이

휴머노이드형

우주의 6번째 주기 말에 어류, 조류, 갑류(파충류), 주류(포유류)의 4개 유전자가 합쳐져 탄생된 종족.
대표적으로 제타 그레이인과 지구 인류인 호모 사피엔스가 있으며, 앞으로 7주기에는 호모 아라핫투스와 호모 마이트레야가 소개될 예정임

특별한 행성입니다.
지구의 차원상승 후
이들에 대한 평가가 있을 것인데
영혼의 진화가 다른 행성에 비해 빠르게
진화할 수 있는 특별한 권한이 주어질 것입니다.

상승하는 영혼들은 모두
하강하는 영혼들의 자녀들로서
영혼의 진화 과정은 단전의 색으로
구분이 가능합니다.
지구의 차원상승 프로그램 중
가장 핵심적인 것은 역장✦의 설치이며
이 역장 안에서 자신의 영혼의 가족들을
만나게 될 예정입니다.

빛의 일꾼이라 알려져 있는 144,000명은
하강하는 영혼들을 말하는 것으로
전 세계의 역장 안에서
빛의 일꾼들은 자신의 영혼의 분화로 태어나
지구까지 와서 모진 고생을 한
자신의 자녀들을 위해
자신의 모든 것을 다 바쳐 희생과 봉사를 통해
사랑과 자비를 통해
상승하는 영혼들을 교육하고 그들의
영적인 성장을 돕게 될 것입니다.

영혼의 가족들을 만나게 될 것이며
이것이 전체의식✦으로 가는 가교 역할을
하게 될 것이며 역장 안에서 누구나

역장(力場)

하늘에 의해 강력한 자기장 보호막으로 설치되는 안전지대.
차원상승 대상이 되는 인류를 자연재해와 바이러스 난등 각종 재난으로부터 보호하고 그들의 의식과 진동수를 단계적으로 상승시켜 6차원 정신문명에 진입하기 위한 지구 차원상승 프로젝트의 핵심 프로그램. 의식의 각성 수준과 몸의 진동수가 일정 수준 이상인 사람만 출입이 가능한 곳이며, 역장 운영의 책임은 아보날 그룹이 맡게 됨

전체의식

나와 너 그리고 모든 만물이 연결되어 있으며 창조근원으로부터 부여된 사고조절자에 의해 사랑의 의식을 함께 공유하고 있는 것

자신의 우주적 신분을 알게 될 것이며
자신의 영적인 부모를 만나는 기쁨 또한
누리게 될 것입니다.

상승하는 영혼과 하강하는 영혼의 상위자아 분화

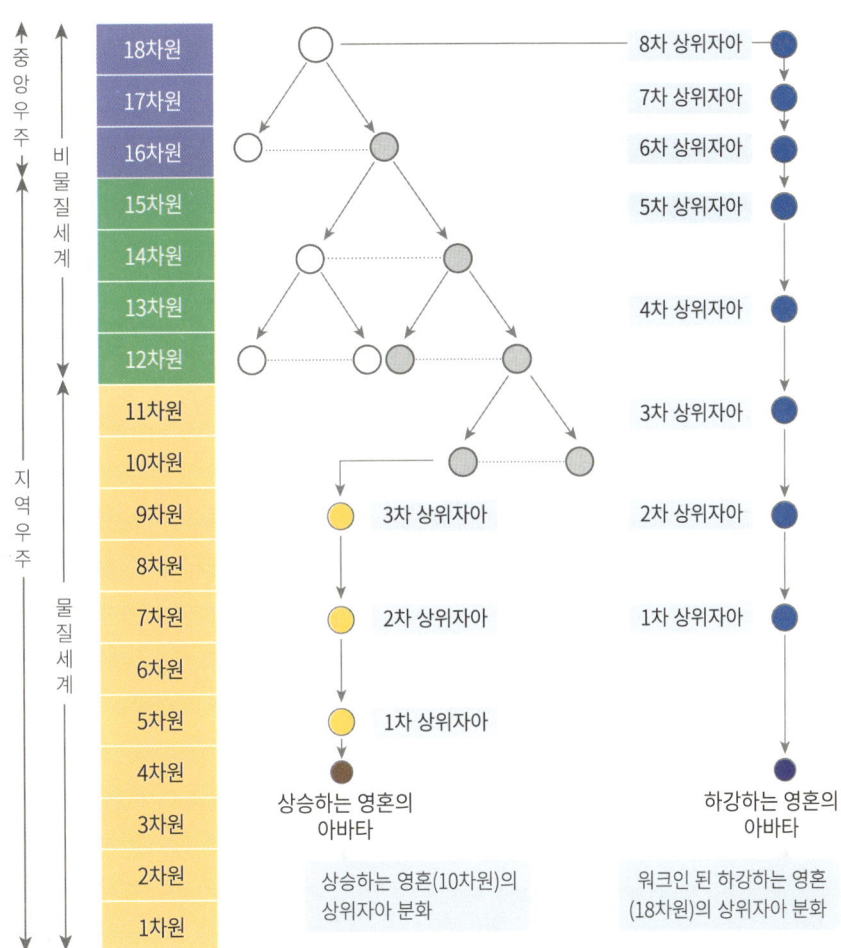

상승하는 영혼의 상위자아는 최대 세 분까지, 하강하는 영혼의 상위자아는 최대 여덟 분까지 존재할 수 있음

상승하는 영혼들의 차원 분포

영혼의 분화는
상승하는 영혼을 기준으로 보면 다음과 같습니다.
노란빛 → 핑크빛 → 은빛 → 흰빛

영의 진화는
흰빛 → 은빛 → 핑크빛 → 노란빛으로 이루어집니다.

노란빛 영혼들은
10차원 5단계에서 10차원 15단계에 걸쳐
자신의 우주적 신분을 가지고 있습니다.
자신의 신분에 맞는 행성에서
영혼의 진화를 하고 있으며
지구와 같은 다차원 행성에 와서
영혼의 진화를 하고 있는 경우도 있습니다.
이번 지구의 차원상승 대상이 되는 그룹입니다.

핑크빛 영혼은
8차원 11단계부터 10차원 4단계에 걸쳐
분포하는 그룹입니다.
마야 문명❖을 건설한 영혼 그룹들의 차원입니다.
각 차원별로 15단계로 존재합니다.

은빛 영혼들은
6차원 13단계에서 8차원 10단계에 걸쳐
분포하고 있습니다.

마야 문명
중남미의 열대밀림에 도시를 세우고 수학과 천문학이 매우 뛰어나다고 평가되는 마야인들의 고대문명.
0의 개념을 세계에서 처음으로 이해하고 사용하였으며, 윤회사상을 믿고 신성문자를 사용함

「무탄트 메시지」에 나오는 분들의 의식 세계이며
잉카 문명✜을 건설했던 분들의 의식 수준이었습니다.

흰빛 영혼들은
6차원 4단계에서 6차원 12단계에 걸쳐 존재합니다.
갓 태어난 영혼들이 살고 있는 곳이며
지하문명 텔로스✜는 6차원 문명이었으며
흰빛 영혼들의 문명이었습니다.
지구에 살고 있는 영혼 그룹들은
흰빛과 은빛 영혼들이 대부분을 차지하고 있습니다.
이들 그룹이 약 70% 이상을 차지하며
핑크빛과 노란빛 영혼들이 30% 정도를 차지하며
녹색빛으로 시작하는
하강하는 영혼 그룹들은 1% 입니다.
빛의 일꾼들은 인구분포상 그리 많지 않습니다.

잉카 문명
마야문명과 쌍벽을 이루며 중남미 페루와 칠레 지역에서 발전했던 고대문명.
산꼭대기에 놀라울 정도로 거대하고 정교한 석조 건축물들이 보존됨

지하문명 텔로스(TELOS)
미국 캘리포니아 주 샤스타산의 지저(地底)에 존재하는 6차원 문명의 도시.
12,000년 동안 존재해 왔다고 알려지며, 지구가 차원상승을 통해 6차원 문명에 안착할 수 있도록 돕기 위하여 6차원 문명을 먼저 경험한 안내자로서 현재 약 5만명 정도가 지상에 육화해 있다고 전해짐

✦ 상승하는 영혼과 하강하는 영혼의 분포도

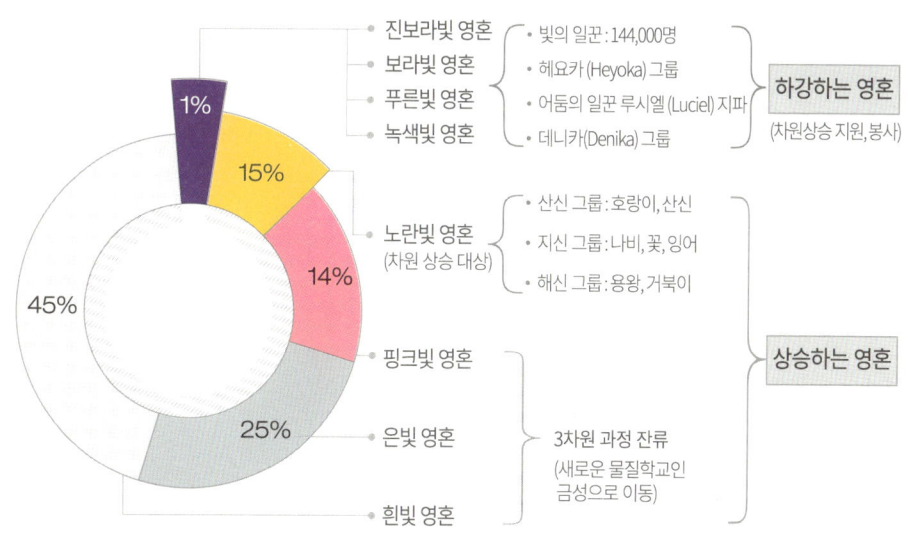

영의 분화와 영혼의 가족

아바타(Avartar)
영이 상위자아 분화를 통해
직접 물질계에 육신을 입고
나온 분신(分身)

고차원의 영이
영의 분화를 통해 아바타*를 세상에 보낼 때
사전에 많은 준비 과정이 필요하며
수많은 시뮬레이션을 통해
거시적인 부분과 미시적인 부분까지
모두 조율되어 물질 체험이 결정됩니다.

18차원을 중심으로
상승하는 영혼인 10차원의 존재를
예를 들어 설명하면 다음과 같습니다.

10차원의 존재는 영의 분화를 통해
8차원과 6차원과 4차원에
자신의 자녀들을 분화할 수 있습니다.
10차원의 존재는
8차원과 6차원과 4차원에 있는 존재들과
영적으로 부모와 자녀의 관계가 됩니다.
6차원으로 분화된 영은 또다시
8차원에 계신 분은 부모이며
4차원에 계신 분은 자녀가 되는 것이
영의 분화가 갖는 의미입니다.
영의 분화는
분화를 할 때마다 창조주로부터 사고조절자를
부여받아 영이 탄생되는 것을 의미합니다.
영의 분화로 그룹영들과 패밀리그룹이 탄생되는데

모두 사고조절자를 부여받았기 때문에
영의 독립성과 개체성❖이 보장됩니다.

영적인 부모와 자녀는 영원한 관계입니다.
영적인 부모가 상위자아가 될 수 없으며
영적인 자녀가 내 아바타가 될 수 없습니다.
영의 분화를 통해 형성된 그룹영혼이나
패밀리그룹들은 같은 에너지를 공유하며
같은 진동수에 공명하기 때문에
가족이라고 하는 것입니다.

영적 가족들은 서로의 영적 진화를 하는 과정에서
애인그룹이나 협력자 그룹들로 형성되어
내 영혼의 진화에 있어 꼭 필요한 존재들이며
이들의 도움 없이 간다는 것은
사막을 물 없이 여행한다는 것과 같습니다.
서로 소중한 관계이며, 한번 맺어진 관계는
우주가 사라지지 않는 한 변하지 않는 관계입니다.

우주의 부모가 하강하는 영혼들이며
상승하는 영혼들은
모두 하강하는 영혼들의 자녀입니다.
육신의 자녀는 물질의 삶을 체험하기 위한 역할로서
카르마❖와 인연법에 의해
잠시 만났다가 헤어지는 것에 불과합니다.

영적인 부모와 자녀는
서로 독립적인 존재이면서
서로가 서로를 돕고 의지하는 협력 관계이며

> **영의 독립성과 개체성**
>
> 영의 분화되고 난 후 사고조절자를 부여받을 때, 사고조절자에는 각각의 영의 고유한 진화 경로의 프로그램이 포함되므로 영의 독립성과 개체성이 보장됨

> **카르마(karma, 업業)**
>
> 삶을 사는 동안 다른 사람의 자유의지를 침범한 결과로 영혼 간에 얽혀 남아 있는 에너지 불균형 상태.
> 천상 프로그램에 의한 공적 카르마와 자유의지 남용에 의한 사적 카르마로 구분됨. 인연법에 따라 본인의 카르마는 또 다른 윤회의 삶에서 스스로 풀어야 하는 것이 우주의 법칙

대속(代贖)
남의 죄나 고통을 자기가 대신 당함

대우주의 사랑의 법칙이 흐르는 통로이며
자녀의 영적인 진화를 위해
일정 정도 대속❖이 가능한 부분이 존재합니다.

에너지가 큰 영적인 부모가
에너지가 작고 경험이 적은 영적인 자녀들의
영적 진화에 도움을 줄 수 있으며
영적인 자녀들의 공정한 진화와 형평성 등을
고려하여 영을 회수할 수도 있으며
회수한 영 에너지를 자신의 자녀에게
재분배할 수도 있습니다.

영적인 부모는 영적인 자녀들이
자신만의 고유한 영혼의 진화 과정이 원활하게
이루어질 수 있도록 최대한 배려하고 돕고 있는
보이지 않는 손입니다.

동기감응(同氣感應)
비슷한 기운을 가진 존재들끼리 서로 반응하고 끌림

영혼의 가족들끼리는 같은 파장을 공유하므로
동기감응❖하는 경우가 많기에
애인그룹으로서 역할들이 주어집니다.
내가 진짜 힘들고 어려울 때
나를 위로해주는 이성이 있는 경우
내가 의지할 수 있는 누군가가 필요할 때
살맛나는 세상인 탄트라의 세계를
함께 공유할 그이와 그녀가 바로
여러분들의 영혼의 가족들이 그 역할을 맡고 있습니다.

자신이 분화한 자녀들을 위해
봉사와 희생의 길을 가야 하는 것이

우주의 순리입니다.
탄생한 지 얼마 되지 않으며
상대적으로 낮은 차원에서 분화한 영들은
경험이 많지 않아 철모르고 떼쓰는 아이와 같아서
부모들의 도움을 받을 수밖에 없습니다.

우주의 사랑은
영적인 부모가 자신의 영적인 자녀에게
내리사랑으로
사랑의 통로
빛의 통로가 되는 것입니다.
희생과 봉사와 사랑과 자비와 연민이
내리사랑의 통로에 의해
대우주의 사랑은 펼쳐지고 있습니다.

상위자아 분화의 원리

영의 분화에 의해
영적 부모와 자녀들이 탄생되고
그룹영혼이나 패밀리그룹이 탄생됩니다.

영의 분화 후 사고조절자를 부여받아
영적인 부모와 자식 관계라 할지라도
영적인 독립성과 개별성이 나타나게 됩니다.

영적인 부모와 자식 간의 관계가
종속적인 관계가 아닌
독립적이고 개별성을 가진 존재로
고유한 영적인 존재로 살아갈 수 있도록
우주의 고유한 장치가 존재하는데
그것을 상위자아 분화라고 합니다.

14차원의 대천사 그룹의 경우(지구 기준)
12차원에 36분의 영의 분화를 합니다.
36분의 영들은 모두 그룹영혼들이 되며
36분의 영들이 4차원 물질 세상에
아바타를 내보내게 될 때 36분 영들 모두는
자신의 에너지 중 일부(약 0.3%)를 각각 떼 내어
11차원, 9차원, 7차원, 5차원으로
상위자아를 분화하게 됩니다.
상위자아는 본영✢의 에너지에서 분화되어
아바타 한 사람의 인생의 프로그램을 위해

본영
16차원의 대영에서부터 분화하여 사고조절자를 부여받아 독립적인 영의 여행을 할 수 있는 영.
나(아바타)와 상위자아를 분화시킨 존재이며 최종 상위자아의 한 차원 위에 존재함

단계별로 최적화 프로그래밍된 에너지체로
존재하면서 아바타의 삶을 안내하고
지도하는 교사로서의 역할을 하게 됩니다.

상위자아는 오직 아바타 한 사람을 위해
특별하게 프로그램된 에너지체이며
상위자아 합일✦이 이루어지고 나면
그 에너지가 상위차원의 상위자아에게 통합되며
네트워크망 속에서 정보를 공유하게 됩니다.

상위자아 합일
고차원에 있는 상위자아의 에너지와 온전하게 결합이 되는 것.
역사 상 중요인물과 정보전달자 등 주어진 임무와 역할을 수행하기 위해 필요할 때만 일어나는 일. 신인합일, 도통군자, 성인, 진인, 성령 충만 등으로 다양하게 표현됨

상위자아들은 홀수 차원에만 존재합니다.
하위 차원의 상위자아들은
자신의 최종 상위자아들로부터 관리 감독을 받으면서
아바타들의 진행 상황을 보고받고 있습니다.

상위자아들은 아바타를 위한
최적화된 교사로서 최적화된 안내자로서
최적화된 네비게이션의 역할을 위해
프로그램화된 에너지체로서 존재합니다.
아바타의 삶이 종료될 때
그 역할이 함께 종료되고 에너지체로 돌아갑니다.

상위자아의 역할과 임무

집단영
동물과 식물에 주어진 영의식의 형태로 다수의 개체가 하나의 영을 이룬 것.
종별로 집단영을 이루는 개체수가 정해지며 예를 들어 사슴은 12마리 정도가 한 집단이 됨

어둠의 정부
세계의 정치 경제의 배후에서 지배하고 있는 드러나지 않은 조직. 그림자 정부

렙틸리언(reptilian)
파충류형 외계인으로 지구에 정착하여 오랜 세월 인류와 함께 살고 있으며 과학기술과 초감각 능력이 발달하여 지구 물질문명을 이끄는 정재계의 배후세력임

집단영✢의 형태로 존재하는
식물과 동물들은 상위자아들을 가지고 있지 않으며
집단 영의식을 통해 물질 여행을 하고 있습니다.

지구의 어둠의 정부✢ 최고 컨트롤타워인
렙틸리언✢ 역시 상위자아를 두고 있으며
그들의 최종 상위자아에 의해
완전한 통제 속에
완전한 관리 속에서
수많은 변수들을 제거하면서
상위자아분들이 업무에 임하고 있습니다.

대영인 17차원의 지구 가이아가
4차원 물질세계에 아바타를 내보내기 위해서는
자신의 영 에너지 일부를 분리하여
상위자아 분화 원리에 의해
아바타를 보낼 수 있습니다.

17차원 가이아의 최종 상위자아(16차원)는
하위의 다섯 분의 상위자아를 통해
실시간 업무 지시와 보고를 통해
가이아 아바타가
자신이 설계하고 온 자신의 프로그램들이
원활하게 진행될 수 있도록
한순간도 아바타에게서 눈길을 떼지 않고

지켜보고 있습니다.

한 사람의 아바타를 위해
얼마나 많은 상위자아들이 공을 들이고
정성을 다하고 사랑을 다 주고 있으며
최선을 다하고 있는지를 알고 나면
여러분들은 부끄러워
고개를 들지 못할 것입니다.

상위자아들을 통해
영적인 독립성과 개별성이 확보되었고
천상정부✧의 완전한 관리 시스템을 통해
물질 체험을 하고 있는 아바타들은
이중 삼중으로 관리되고 있으며
무질서하게 보이고
불합리하게 보이고
부조리하게 보이고
불평등하게 보이고
문제가 많은 것처럼 보이지만
그것 역시 우연을 가장한 필연이며
하늘의 완전한 통제 속에서
일어날 일들이 일어나고 있는 것입니다.

나의 상위자아는
모든 것을 알고 있는 신이 아니라
내 삶의 모든 경로를 알고 있으며
내 삶의 모든 경우의 수를 알고 있으며
나의 삶을 지원하고 안내하는 부모로서 안내자로서
연인으로서의 역할입니다.

천상정부(天上政府)

지구행성의 모든 일을 관리·통제하는 하늘의 정부. 지상의 행정부와 그 역할이 비슷하여 붙인 명칭. 7차원에 15천사 그룹 중심으로 구성되어 있으며 가브리엘 천사 그룹에서 대표를 맡고 있음

나를 위해 창조된
최적화된 내 삶의 동반자이자
보이지 않는 세계의 파트너이며
내가 의지할 수 있는 파트너입니다.

물질 체험을 하고 있는 여러분들은
상위자아 입장에서 보면 너무나
귀하고 귀한 분들이십니다.
얼마나 많은 정성을 들였는지 아신다면
그 사랑에
오직 감사함만이 있을 것입니다.
이렇게 체계적이고 완전한 통제 속에
살고 있는 아바타들이 길을 잃거나
프로그램에 없는 일들이 일어날 확률은
매우 낮으며
불완전하고 이치에 맞지 않는 일들이 일어나
때로는 실망과 절망도 하지만
일어날 일들이 일어나는 것이며
우주에는 아무것도 잘못되는 일은 없습니다.

상위자아 합일

아바타의 삶의 내용에 따라
아바타가 살고 있는 시대에 따라
아바타가 맡고 있는 역할에 따라
상위자아 합일의 수준이 각자 다르게 정해져 있으며
이것 또한 최적화되어 있습니다.

한 행성의 문명이 마무리되는 시점에
자신의 역할이 큰 빛의 일꾼들은 모두
자신의 최고 상위자아와 합일이 이루어져야
자신의 임무를 원활하게 수행할 수 있습니다.

차원상승의 대상에 들지 못하거나
육신의 옷을 벗고 떠나야 하는 대부분의 인류들은
상위자아 합일을 이룰 필요가 없습니다.

상위자아 합일을 이룬 사람만이
빛의 역할이든 어둠의 역할이든 수행할 수 있으며
자신의 역할과 임무에 따라
상위자아 합일의 정도는 다르게 정해집니다.

역장 생활을 하기 위해서는
역장에 들어가기 위해서는
높은 수준의 상위자아 합일이 필요하며
차원상승이 되는 어린아이들 역시 지금 이 시기에
상위자아 합일이 진행되고 있습니다.

이 기간 동안 몸살 난 것처럼
몸이 아픈 경우가 많습니다.

높은 수준의 상위자아 합일이 이루어질 때
의식의 확장이 이루어지며
높은 의식의 차원을 뒷받침하는
메타 휴머노이드 의식구현 시스템✤상
무의식과 잠재의식의 층위에
고급 정보들이 다운로딩됩니다.

다운로딩된 고급 정보들이
자신의 시절인연✤이 되어
역할을 수행하게 될 때에 활성화되어
느낌이나 감정으로 직관이나 영감으로
기시감✤이나 그냥 알고 있다는 느낌으로
우연을 가장한 필연으로
자신의 자유의지✤인 것처럼 보이지만
하늘의 보이지 않는 원리에 의해
어디선가 있어야 할 곳에서
해야 할 일들을 하고 있을 것입니다.

어둠의 역할을 맡고 있는 일꾼들 역시
자신의 임무와 역할에 따라
자신의 상위자아와 합일이 이루어질 것이며
높은 수준의 상위자아와 합일될수록
더 많은 역할과 책임이 있습니다.

한 아바타를 위해
많은 상위자아들이 분화되어 있다는 것을 알고 나면

**메타 휴머노이드
의식구현 시스템**

휴머노이드형인 호모 사피엔스의 의식을 구현하는 시스템의 명칭.
인간이 자기의 생각과 감정이라고 인지하고 느끼는 것들은 무의식에서 잠재의식으로 올라와 현재의식으로 발현된 것이며, 하늘에서 각각의 의식의 영역에 정보를 활성화시켜 조절하는 방식으로 의식이 구현되는 것을 말함

시절인연(時節因緣)

모든 만남, 모든 일이 이루어지는 데는 때가 있다는 뜻

기시감(Déjà Vu 데자뷰)

처음 겪는 상황이나 장면이 마치 이미 경험해 본 것 같은 느낌을 받는 것

자유의지(free will)

물질세계에 내려온 아바타가 자기 인생의 방향과 어떤 사안을 스스로 선택하고 결정할 수 있는 권리.
상위자아뿐만 아니라 창조주라 하여도 결코 침해할 수 없는 아바타의 신성한 주권이지만, 자유의지의 행사 범위가 프로그램이라는 큰 틀을 벗어날 수는 없음

내 삶이 내 마음대로
살 수만은 없다는 것을 알게 됩니다.

여러분들의 영혼은 홀수 차원마다
상위자아를 분화하여 관리하고 있으며
짝수 차원의 관리자 그룹✤에 의해
관리받고 있습니다.
처음에 계획한 삶대로
원판의 프로그램✤대로
한 치의 오차 없이 체험하고
책임과 역할을 위해 최선을 다하고 있으며
무한한 사랑 속에서
많은 안타까움 속에서
희로애락을 함께하며 가슴 졸이고 있습니다.

상위자아와의 합일을 통해서만이
높은 수준의 정보와
우주적 진리에 접근할 수 있으며
내안의 큰 나를 꺼내 쓸 수 있으며
인생의 길을 잃지 않을 것입니다.

관리자 그룹

상위자아 그룹보다 상위 차원에 존재하며 상위자아 그룹들의 행정 업무를 보조하며 관리하고 통제하는 조직.
우주 함선에 승선하여 행성이나 항성들의 진화를 전체적으로 관리하는 역할을 함

프로그램

영혼이 진화과정 상 물질세계의 체험을 하기 위해 이번 생을 어떻게 살아갈지 보이지 않는 세계에서 자신의 상위자아와 천상정부가 조율하여 결정한 인생계획.
우주의 프로그램과 행성의 프로그램이 먼저 있고 그 안에 개인의 인생 프로그램이 있음

최종 상위자아 합일

물질 체험을 하고 있는 아바타들 모두는
자신의 최종 상위자아가 다르게 분포합니다.
자신의 최종 상위자아가 있는 곳이
내가 가야 할 최종 목표치이며
그 영혼의 우주적 신분이 결정됩니다.

이제는 때가 되어
보이지 않는 세계에서는
행성의 문명을 마무리하기 위한
절차에 들어가 있습니다.
보이는 세계의 펼쳐짐만이 남아 있을 뿐입니다.
지금은 깨달음의 시대요
상위자아 합일의 시대입니다.

살 사람과 죽을 사람을 나누는
세 가지 기준이 있는데
첫 번째가 차크라 활성화 정도❖이며
두 번째가 상위자아 합일이며
세 번째가 매트릭스 구조의 변경❖입니다.
이 세 가지 모두 하늘이 하는 일이라
인간의 의지로는 불가능한 것이기 때문에
인명(人命)은 재천(在天)이라 했습니다.
이 세 가지를 모두 이루는 기초는
보이지 않는 세계에 대한 믿음이며
믿음의 본질은

차크라 활성화 정도
차크라가 빛을 발산하여 온몸의 에너지 통로에 빛이 채워진 정도.
바이러스 난이 일어나면 바이러스보다 높은 진동수를 유지해야 생존할 수 있는데 차크라를 열고 난 뒤 차크라 활성화 정도가 가슴 차크라 기준 46% 이상 되어야 함

매트릭스 구조의 변경
중간계와 어둠의 매트릭스를 가진 사람들의 매트릭스를 지워 빛의 매트릭스로 전환하는 것.
중간계의 매트릭스는 87%, 어둠은 89% 이상이 지워져야만 역장 출입이 가능해짐

보지 않고 믿어야 하는 것이며
머리가 아닌, 논리가 아닌
계산하는 마음이 아닌
오직 가슴으로 느끼고 가야 하는
하늘의 좁은문입니다.

의식의 각성을 이룬 자만이
자만과 교만을 내려놓은 자만이
하늘이 일하는 방식을 이해하는 자만이
순수함과 따뜻함을 잃지 않는 인자만이
상위자아 합일을 통해서
자신의 이번 삶의 목적을 온전하게
이루어낼 수 있을 것입니다.

1차 상위자아와 합일을 이루고
2차 상위자아와의 합일을 이루고
3차, 4차, 5차 그리고 더 높은
상위자아와의 합일을 이루면 이룰수록
더 높은 의식에 이를 것이며
하늘의 권능이 주어질 것이며
더 많은 사람들에게 더 많은 사랑을
베풀 수 있을 것입니다.

상위자아와의 합일이야말로
삶과 죽음의 경계를 넘어서는 것이며
우주적 존재로서 나를 찾는 과정이며
하늘의 뜻을 땅에서 이룰 수 있으며
빛의 일꾼으로서
사명자의 역할을 수행할 수 있는 자격증이며

대우주의 전체의식 속에 합류할 수 있는
유일한 방법입니다.

자기 감정과 의식을 통제할 수 있다는
에고*의 대단한 착각에서 벗어나
내 자유대로 내 삶을 살아가고 있다는
대단한 착각에서 벗어나
나의 삶은
내 최종 상위자아와의 합일을 통해서만이
완성될 수 있다는 것을 인지하시기 바랍니다.
나의 최종 상위자아와의 합일을 통해서만
대우주의 사랑과 자비와 연민이
하늘에서 이루어진 것처럼
땅에서 이루어질 수 있을 것입니다.

빛의 일꾼들에게
빛의 전사들에게
우데카 팀장이
의식이 깨어나는 인자들을 위해
이 글을 전합니다.

에고(ego)
혼의식의 영역에서 작동하는 인식과 행위의 주체.
대상과 구별되는 분리의식의 주체이며, 주로 두려움의 형태로 나타남

혼의 진화와 분화 과정

혼은 물질 여행을 하기 위해서
영이 입어야 하는 옷이며
반드시 설치해야 하는 프로그램입니다.
혼은 18차원 기준으로
11차원 주관자의 에너지로 구성되어 있으며
영보다는 낮은 진동수를 가지고 있습니다.

혼 에너지는
영 에너지에 비해 밀도가 낮으며
상승하는 영들과 하강하는 영들에 수여되는
혼 에너지의 크기는 다르게 정해집니다.
혼 에너지는 동물들에게도 수여되며
식물은 그 정도가 미미한 수준입니다.
영의 빛의 밝기가 밝을수록
영의 크기가 클수록
혼 에너지 역시 비례하여 수여됩니다.

동물들 역시 혼 에너지를 설치하여 오기 때문에
동물성이 발휘될 수 있으며
약육강식의 법칙과
엄격한 계급 사회를 유지할 수 있으며
동물들의 영과 혼의 밝기와 크기에 따라
메타 의식구현 시스템❖의 버전이 다양하게
설치되고 구현되도록 프로그램되어 있습니다.

> **메타 의식구현 시스템**
> 생명을 가진 존재들이 환경에 맞게 살아갈 수 있게 하기 위해 각각의 종별로 주어진 정보들이 필요적절하게 발현될 수 있도록 하는 시스템.
> 진화된 동물일수록 이 시스템이 복잡하게 세팅되어 있음

인간의 존재 역시
영과 혼이 공존하는 것이며
영의 크기와 밝기에 따라
혼의 크기와 밝기 또한 다르게 수여되며
영과 혼은 늘 함께하는 경향이 있기 때문에
영혼들의 여행이라고 하는 것입니다.

혼은 영과 동행하면서
영과 함께 진화를 하게 됩니다.
혼은 보통 영과 함께
3만 년에서 5만 년 정도
물질 체험을 함께하며 진화를 동시에 하게 됩니다.
혼은 수많은 물질 체험을 하면서
수많은 시행착오와 학습을 거치면서
성장하고 진화합니다.
진화의 속도는 영에 비해 늦습니다.
그 이유는 혼은 상념체❖에 빼앗기는
에너지가 많기 때문이며
영혼의 여행에서 윤회❖ 프로그램이
혼 중심이 아닌
영 중심으로 운영되기 때문입니다.

혼이 진화를 함에 따라
처음 물질 여행을 시작할 때보다
혼 에너지의 크기가 커지고
혼 에너지의 빛이 점점 더 밝아집니다.
진화한 혼이 어느 시점에 임계점에 이르면
혼 스스로 영처럼 진화를 할 수 있는
기회가 주어집니다.

상념체(想念體)
인간이 죽음을 맞이하는 과정에서 삶에 대한 강렬한 미련으로 인해 자신의 죽음을 순리로 받아들이지 못하고 5차원 영계에 스스로 천당과 지옥을 만들어 묶여 있는 혼 에너지.
본인도 모르게 현재의 삶에까지 영향을 미침

윤회(輪廻)
영혼이 육신의 몸을 입고 물질 체험을 하기 위해 거듭 태어나는 것.
윤회를 거듭하며 같은 차원 내에서 진화의 단계가 상승하며, 차원상승의 시기에 맞추어 차원 간 진화를 이룰 수 있음

영의 크기와 밝기 정도로 진화한 혼은
창조주로부터 사고조절자를 부여받아
영으로의 탄생이 가능해집니다.
혼이 진화를 통해
사고조절자를 부여받아
영으로 승격되어
영으로서 진화를 하는 방법과
자신의 혼 에너지를 여러 차원으로 분화하여
진화를 계속하는 방법이 있습니다.

혼이 진화하여 사고조절자를 부여받아
진화를 선택하는 경우는
매우 드문 경우이며
대부분 혼의 분화를 통해 영의 파트너로서
영혼의 여행을 하는 경로를 택하게 됩니다.

혼이 사고조절자를 부여받아
영혼의 여행을 하는 것을 택하지 않고
혼의 분화를 통한 진화를 택하는 것은
혼이 사고조절자를 부여받아 영이 되는 경우
자신을 인도하고 안내해 줄 상위자아가
자기 자신이 되기 때문입니다.
혼 스스로 영혼이 되고 난 뒤
스스로 상위자아가 되고
아바타를 하위 차원으로 분화할 만큼
혼 에너지가 진화하려면
그 시간은 우주의 시간으로도
너무나 오래 걸리기 때문입니다.

고차원의 상위자아 없이
영이 물질 여행을 해서
우주에서 진화를 한다는 것은
물질 세상에서 부모 없이
고아로 산다는 것보다 훨씬 더 어렵고
고단한 영혼의 여행이기 때문입니다.

진화한 혼 중에는
이러한 어려움과 두려움을 이겨내고
영의 여행을 택하는 용감한 혼들이 있으며
우주에는 이렇게 다양하게 진화의 경로를
걷고 있는 영혼들이 많이 있음을
우데카 팀장이 전해 드립니다.

영혼백의 분리와 죽음의 메커니즘

자연사를 하는 경우나
자연재해를 통한 죽음이나
질병을 통해 사람이 죽음을 맞이할 때는
15일 전에 죽음이 결정됩니다.

자신의 상위자아와
천상정부 환생위원회의
최종 조율을 거쳐 죽음이 결정되며
모나노 시스템에 통보됩니다.

모나노 시스템✢에서 분리가 결정되면
저승사자라고 불리는 천상정부 소속
아즈리엘 천사✢님들의 방문이 있은 후
영혼백은 분리가 되고 육체는 죽음이 결정됩니다.

재난이나 사고로 인해 죽는 경우는
보통 영은 12시간 정도 앞서 몸에서 분리가 됩니다.
사고 과정에서 오는 영의 손상을 막고
두려움이나 공포 등을 경험할 필요가 없기에
미리 분리가 되는 것입니다.

놀이공원에서
바이킹 같은 공포와 흥미를 유발하는 경우에도
영은 잠시 분리되어 있다가 상황이 안정화된 뒤에
다시 몸으로 들어가게 됩니다.

모나노 시스템
하나의 소셜 네트워크망 속에서 인류 각자의 삶의 거시적 프로그램과 미시적 프로그램 모두를 서로가 충돌 없이 작동할 수 있게 세팅하고 조정하는 하늘의 정교한 시스템. 모나노 시스템을 변경하기 위해서는 상위자아와 카르마위원회의 요청 및 동의가 필요함

아즈리엘 천사
15천사 그룹 중 하나로 죽음, 생사여탈권과 관련된 업무를 집행함. 저승사자로 알려짐

죽음을 맞이하는 것은 영이 아니라 혼이며
혼은 물질 체험을 위해 입는 옷이기 때문에
끝까지 몸속에 있어야 합니다.

육체적인 심장의 박동과 호흡이 정지되고 난 후
혼이 분리되고 난 후 백이 다시 분리됩니다.
육체를 구성하고 있는 원소들은
행성의 가이아에게 돌아갑니다.

영은 분리된 후
자신이 죽어가는 모습을 지켜보게 됩니다.
그 후에 아즈리엘 그룹 천사님들의 안내에 따라
빛의 통로를 통해
영계✦에 들어가서 휴식을 취하게 됩니다.
지금은 지구 차원상승이 진행되는 중이라
영계는 폐쇄가 되었기에
우주 함선이 그 역할을 수행하고 있으며
함선에서 휴식과 치유를 위한 시간을 가진 후
혼과 백의 합류를 기다리게 됩니다.

혼과 백은 육신의 죽음을 맞이하고 난 후
아즈리엘 그룹의 안내를 받아
함선으로 가서 휴식과 치유를 받습니다.
혼은 죽음의 과정을 겪으면서 생긴
공포와 두려움을 치유하며
삶에 대한 미련과 아쉬움과 상념체가
남아 있다면 오랜 시간 동안 치유의 시간을
가질 수밖에 없습니다.

영계(靈界)
5차원 세계이며 천계(天界)라고도 불리는 곳.
지구에서 펼쳐지는 4차원의 물질세계를 관리하는 바로 위 차원의 보이지 않는 세계로서 다양한 역할을 함

백 역시 손상 입은 에너지체들을 치유한 뒤
영혼백이 다시 세팅됩니다.
다시 세팅된 영혼백은
자신의 영혼의 진화 여정에 맞는 행성으로
함선에 의해 재배치됩니다.

지구에서 죽음을 맞이한
흰빛과 은빛 영혼들과 핑크빛 영혼들(약 80%)은
자신의 타임라인에 맞추어
금성의 영계에 편입되어
지구에서와 같은 물질적 체험을 하게 될 것입니다.

녹색빛 이상의 영혼들은
우주선에서 휴식을 취한 후에
함선에 의해 빛의 통로를 통해
자신이 온 고향별로 돌아갈 예정입니다.

죽음은 끝이 아닌 새로운 시작이며
지구에서 죽음을 맞이한 대부분의 영혼들은
지구 환경의 약 75% 정도 되는
금성에서 영혼의 여행을 시작하게 될 것입니다.

왜 착한 사람들이 죽어야 하나요

한 행성이 물질 체험을 위한 우주학교를 졸업하고
차원상승이 이루어진다고 하는 것은
매우 어려운 일인 동시에 축복입니다.

지구 행성에 들어와서 살고 있는
행성 주민들의 영혼의 나이를 보면
매우 젊은 영혼들로 분포되어 있습니다.
태어난 지 얼마 되지 않는 흰빛 영혼들은
지구 나이로 보면
초등학교를 들어가기 전의 나이에 해당되고
은빛 영혼들은 초등학교 수준이며
핑크빛 영혼들은 중학교 수준이며
노란빛 영혼들은 고등학교 수준 정도입니다.

지구에 살고 있는 인류 모두는
자신의 우주적 신분을 가지고 있으며
영혼의 진화 정도를
단전에 있는 빛(색)으로 알 수 있습니다.

사람은 태어나면서부터 불공평합니다.
이것은 우주의 진리이자 섭리입니다.
영혼마다 진화 정도가 다르기에
출발점이 다르기에
어리고 젊은 영혼들은 보호가 필요하고
노련하고 늙은 영혼들은

이미 경험할 것들은 다 경험해봤기 때문에
금수저❖를 가지고 태어날 필요가 없기 때문입니다.

> **금수저**
> 좋은 가정 환경과 조건을 가지고 태어났다는 뜻
> 상반된 의미로 흙수저는 부모의 능력이나 형편이 넉넉지 못해 경제적 도움을 전혀 받지 못함을 뜻함

젊고 나이어린 영혼에게 나라를 맡길 수 없듯이
중요한 역사적 인물이나 왕들은
경험 많은 영혼들이 맡게 되고
어린 영혼들은 화려한 물질 체험을 위해
부자인 부모와 인자한 부모 밑에서
자라게 되는 것입니다.

불평등하게 보이고 불합리하게 보이지만
이 사회와 이 우주는 대우주의 사랑의 법칙 안에서
완전한 조화와 균형 속에 있습니다.
영혼들에게 불합리하고 불평등한 것은 존재하지 않으며
서로의 성장을 위해 내가 그 배역을 맡게 되는 것이고
내가 이 배역을 통해 성장하게 됩니다.

물질 체험을 위해
영혼의 성장을 위해 준비된 프로그램들은
공평무사하게 실행되고 있으며
서로의 성장과 공부를 위해
전체의식 속에서 함께하고 있을 뿐입니다.
영혼의 입장에서 보면 억울한 죽음도 없으며
억울할 것도 없으며
모두가 나의 영적 진화를 위해 준비된 만찬이며
축복의 시간일 뿐입니다.
영이 물질의 여행을 하기 위해
반드시 걸쳐야 하는 옷이 있는데
그것을 혼이라고 합니다.

> 주홍글씨
>
> 인간에 대한 낙인을 상징함. 예전에 죄인에 대한 형벌로 몸에 불도장을 찍은 행위와 소설 「주홍글씨」에서 유래함

혼은
빛과 중간계와 어둠의 매트릭스로 분류되는데
지워지지 않는 주홍글씨*의 외투를 입고
영혼은 물질 체험을 하고 있습니다.

혼은 두려움에 반응하고
물질에 대한 집착이 강한 측면을 가지고 있기에
사회에서 모순처럼 보이고 불합리하게 느끼고
부조리하게 느끼고 불평등하다고 느끼는 주체는
영이 아니라 혼이 느끼는 의식이며
이것을 혼의식이라고 합니다.

사람은 태어날 때부터
착한 사람이 정해져 있습니다.
영이 혼이라는 물질의 옷을 입을 때
반드시 10명 중에 4명은
빛의 매트릭스를 설치해야 하기 때문에
10명중 4명은 착한 사람으로 살아야 하는
운명을 가지고 태어나며
이들은 물질을 중요시하는 것보다는
눈에 보이지 않는 정신적인 것에
가치를 두고 사는 사람들입니다.

우리가 살고 있는 이 사회에는
빛의 성향이 강한 착한 사람이 40%
빛과 어둠의 성향이 모두 있는 중간계 성향이 20%
물질을 중요시 하는 어둠의 성향이 40%로
이것이 하늘이 정해 놓은
4차원 물질 매트릭스의 실체입니다.

착한 사람은 왜 늘 손해만 보고 살아야 하며
왜 착한 사람이 죽어야 합니까?
왜 나쁜 사람은 벌도 받지 않고
죽지도 않고 잘 살고 있습니까?
인류 사회를 관통하고 있는 가장 큰 모순점이
바로 이 부분일 것입니다.

착한 성품을 가지고 태어난 것도
악한 성품을 가지고 태어난 것도
정교하게 하늘에서 준비한 것이며
영혼의 여행 과정에서 꼭 필요한 체험과
공부 과정이라고 생각하십시오.

내가 부러워하고 내가 싫어하는 것 역시
영혼의 입장에서 보면 내가 이미 경험해 본 것과
내가 경험해야 할 것들로 구분될 뿐
아무것도 잘못되는 일은 없다는 것이
영혼의 입장이며 우주의 입장인 것입니다.

흰빛과 은빛 그리고 핑크빛 영혼 중에는
분명 착하고 희생과 봉사의 삶을 살고 있는
많은 영혼들이 있으며
실제로 그런 프로그램을 가지고
삶을 살고 있는 영혼들(약 40%)이 참 많습니다.
참 많은 착한 사람들이 지구의 차원상승을 거치면서
육신의 옷을 벗고 지구 행성을 떠나게 될 것입니다.

참 많은 악한 사람들 또한
육신의 옷을 벗고 떠날 것입니다.

착하고 덜 착하고 악하다는 것은
의식이 깨어나지 못한 상태에서의 표현일 뿐
누구나 자신의 영혼의 진화에 맞는
역할을 하고 있을 뿐이며 그 역할이 끝나고 나면
또 다른 역할을 통해 배우고 성장하는 것이
영혼의 진화 과정입니다.

차원상승의 대상이 안 되는
착한 사람은 지구를 떠나야 합니다.
불공평해 보이는 것 같지만
아직 어린 영혼들이기에
더 많은 것들을 체험하기 좋은 행성에서
새로운 삶을 위해 육신의 옷을 벗고
새로운 학교로 전학을 가게 되는 것입니다.

그곳에서도
착한 배역을 통해 성장하게 될 것이고
악한 배역을 통해서도 성장하게 될 것입니다.
자신의 영혼의 진화 과정상
물질의 체험을 모두 마치고
물질계를 졸업할 때까지 이 여행은
영혼의 입장에선 멈출 수 없는 것입니다.

이 우주에서 잘못되는 것은
아무것도 없다는 것을 알게 될 것입니다.
이것이 하늘의 사랑이며
대우주가 진화할 수 있는 힘이며
창조주의 무한한 사랑임을
의식이 깨어난 자들부터 알게 될 것입니다.

영이 물질 체험을 하는 이유

영이 육신의 옷을 입고
영혼의 여행을 하는 이유가
무엇이라고 생각하십니까?
천상정부 소속 관리자 그룹이나
태극이나 무극의 세계✤에 존재하는
관리자 그룹들은 에너지체로 존재합니다.
상위자아들 역시 에너지체로 존재합니다.
영이 에너지체로 존재한다는 것은
우리 인류가 생각하는 것처럼
낭만적인 상황이 아닙니다.

영이
창조주로부터 사고조절자를 부여받아
에너지체로 존재한다는 것은
잠도 자지 않으며 음식도 먹지 않으며
걱정 근심도 없다는 것입니다.
영은 사고조절자에 프로그래밍된
범위 내에서 존재하면서
프로그램된 내용을 처리하는
컴퓨터의 프로그램이라고 보시면 됩니다.
알파고보다 비교할 수 없을 만큼 뛰어난
인공지능을 가진 존재라고 보시면 됩니다.
영은 생명을 가지고 있지 않습니다.
영은 생명을 가지고 있지 않기에
영원히 에너지체로 존재할 수 있습니다.

태극이나 무극의 세계
P.149 본문 참조

영이 육신을 입고 물질 여행을 하는 이유는
생명을 가진 존재들만이
높은 의식을 구현할 수 있기 때문이며
높은 수준의 창조를 할 수 있기 때문입니다.
영이 물질의 체험을 통해서
더 많이 더 빨리
우주 창조 원리를 배울 수 있기 때문입니다.
창조주께서는 자신이 창조한 모든 것들을
영의 여행과 영혼의 여행을 통해
물질 체험을 통해 경험하고 배울 수 있는
축복의 시간을 주셨습니다.
이것이 영혼이 물질 체험을 하는 이유이며
우주에서 물질 체험을 하는
물질학교가 필요한 이유이며
다양한 물질 행성을
하늘이 운영하고 있는 이유입니다.

지구와 같은 다차원 공간에서
영혼의 층위가 다른 영혼들이
우주의 계급장을 떼고 한 곳에서
물질 체험을 하는 곳이 우주학교입니다.
고도화된 인공지능인 에너지체의 영이
낮은 단계의 의식을 구현하는 과정들부터
높은 단계의 의식을 구현하는 과정들까지
육신의 옷을 입고
창조주께서 펼쳐 놓으신
즉 1차원에서 18차원에 걸친 다양한 세계들을
우주 창조의 법칙과 원리들을 배우기 위해
체험하는 것이 영혼의 여행입니다.

영혼들은 감각을 가지고
감정을 가지고
자유의지를 가지고
우주 창조의 법칙과 원리들을 배우는 것입니다.
이 우주는 다양한 에너지의 세계입니다.
다양한 에너지를 체험하고
다양한 에너지를 다루면서
에너지 연금술사가 되는 것입니다.
나의 감정도 에너지이며
내 마음도 에너지이며
내 의식도 에너지입니다.
미움과 증오와 사랑과 연민도
모두 에너지일 뿐입니다.
자신의 의식 수준에서
자신의 눈높이에서
에너지를 다루는 기술들을 배우기 위해
당신은 이곳 지구에 태어나 살고 있습니다.
삶이라는 에너지의 도가니 속에서
힘들어 하고 있으며 지쳐가고 있는
위대한 영혼입니다.

1차원에서 11차원까지는 물질의 세계입니다.
영이 물질의 세계를 체험하기 위해서는
물질의 옷을 입어야 하는데
물질의 옷을 백이라고 하며
유한한 생명과 제한된 의식을 가지고
제한된 감정과 감각을 가진 존재로
물질 체험을 위해
혼 에너지가 필요하게 됩니다.

창조주께서 1차원에서 18차원에 걸쳐
다양하게 펼쳐 놓으신 세계들을
영이 혼과 백을 가지고 체험하는 것이
영혼의 여행입니다.
영은
창조주께서 창조한 모든 것들을 체험하고
공부해야 하는 과정이 있습니다.
이것은 영의 숙명이자 운명인 동시에
대우주의 법칙입니다.

우주의 2주기가 시작되는 날
같은 날 같은 시간에 14차원 1단계에
탄생한 두 영이 같은 날 창조주로부터
사고조절자를 부여받게 됩니다.
어떤 영은 1차원의 원소나 광물의 체험부터
차원을 단계별로 경험하는
영혼의 시작을 하게 되었는데
우주에서는 이들을
상승하는 영혼이라 합니다.
어떤 영은 14차원 1단계에서부터
에너지체로 존재하면서
관리자 그룹으로 봉사를 하다가
물질 체험에 신청을 하여
관리자 그룹으로서 봉사하면서
물질 체험을 병행✣하는 방법으로
물질 여행을 시작하게 됩니다.
이들을 우주에서는
하강하는 영혼들이라 부릅니다.

관리자 그룹과 물질 체험을 병행

하강하는 영혼들은 에너지체로서 봉사와 물질 체험을 동시에 진행하기 때문에 각 차원별 물질체험의 과정을 전체적으로 이수하지는 않으며 중요 과정들을 중심으로 상승하는 영혼의 60% 정도를 체험하게 됨

우주의 7주기가 시작된
2016년 3월 1일을 기준점으로
우주의 5주기가 흐르는 동안
두 영혼 간의 진화를 비교하면
다음과 같습니다.
상승하는 영혼은 1차원 1단계부터
창조주께서 펼쳐 놓은 모든 과정을 경험하면서
12차원 3단계까지 진화를 하였습니다.
하강하는 영혼은 우주의 5주기 동안
14차원 1단계에서
14차원 15단계까지 성장하였습니다.

상승하는 영혼이 하강하는 영혼들에 비해
진화의 속도가 훨씬 더 빠릅니다.
영이 물질 체험을 하는 이유가 여기에 있습니다.
두 영은 우주의 7주기에서
각 차원별로 영들이 이수해야 할
우주의 공부 과정에 따라 공부하게 될 것입니다.
상승하는 영혼은 12차원 3단계에서
영의 여행이 시작될 것입니다.
하강하는 영혼은
14차원의 고유 과정을 이수하면서
1차원부터 13차원까지의 영혼의
공부 과정을 이수해야 하는 것입니다.
상승하는 영혼이나 하강하는 영혼들의 구분은
영혼의 입장에서는
아무 의미가 없는 구분일 뿐이며
영혼의 진화 경로가 다른 것일 뿐입니다.

우주에서는 물질 체험을 하는 영혼들에게
더 많은 인센티브가 주어지는 것이
보편적인 법칙입니다.
그만큼 물질 체험을 하는 것이
영혼의 입장에선 어렵고 힘들기 때문입니다.
지구의 역사 250만 년 동안
지구에서 영혼의 여행을 한 영혼들에게는
노란색 영혼을 기준으로
10차원 5단계에서 10차원 8단계로
3단계 이상 진화하기로
태초에 창조주의 약속이 있었습니다.
일반적인 노란빛 영혼이
10차원 5단계 → 10차원 6단계 : 120만 년
10차원 6단계 → 10차원 7단계 : 150만 년
10차원 7단계 → 10차원 8단계 : 180만 년
3단계를 진화하려면 대략 지구 시간으로
450만 년이 걸리는 시간입니다.

지구에서의 250만 년 동안의
힘들고 고달픈 시간이 흐르고 나면
지구에 입식된
모든 영혼들의 평가가 있을 예정입니다.
지구에서 고단한 삶을 체험하고 경험한 영혼들은
200만 년 이상 진화의 시간이 단축된다는
창조주의 약속을 믿고
우주에서 용기 있는 영혼들을 선발하여
지구 프로젝트가 250만 년 전에
시작되었던 것입니다.

다른 물질 행성에 비해 12배 정도
난이도가 높은 지구에 입식된 영혼들은
자신의 영적 진화를 위해
물질의 매트릭스가 강하게 설치되어 있는
암흑 행성인 지구에서 아무것도 모르는 채로
최선을 다해 살고 있는 것입니다.
지금 지구 프로젝트가 끝나가고 있습니다.
마지막 타임라인에서
지구 차원상승만을 남겨두고 있습니다.
하늘에서 에너지체로 우리를 돕고 있거나
에너지체로 지켜보는 영들은
지구에서 육신을 입은 채
드라마틱하고 다이나믹한 체험을 하고 있는
우리들을 모두 부러워하고 있습니다.
이것이 바로 '개똥밭에서 굴러도 이승이 좋다'라는
말이 갖는 우주적 진실입니다.
오래된 영혼들일수록
높은 차원의 영일수록
창조주께서 창조한 모든 것들을 체험하고
경험할 수 있는 시간들이 주어져 있었다는 것입니다.
먼저 체험하고 먼저 경험한 영들이
태어난 지 얼마 되지 않은
어린 영들과 젊은 영혼들을 위해
봉사하는 역할이 주어지는 것입니다.
하강하는 영혼들은 우주의 선배로서
영혼의 선생님으로 안내자와 봉사자의 길을
걸어가라고 하늘에서 주어진 이름이 있는데
그것을 이곳 지구에서는
빛의 일꾼이라고 할 뿐입니다.

빛의 일꾼들의 시대가 시작되고 있습니다.
오직 봉사하는 마음으로
오직 길을 안내하는 안내자로서
자신을 둘러싼 알 수 없는 에너지들 속에서
빛의 일꾼들은 준비되고 있으며
훈련되고 있습니다.

빛의 일꾼들의 건승을 빕니다.

그렇게 될 것이며
그렇게 예정되어 있으며
그렇게 되었습니다.

성령과 천지신명의 비밀

성령(聖靈)은
성스러운 령이란 뜻으로
성주풀이의 대활령(大活靈)과 같은 의미입니다.
창조주의 사랑
예수님의 은혜와 사랑
천사님들의 은혜와 사랑
하늘의 은총과 하늘의 선물
신과의 만남과 신비체험을 하게 해주는
에너지라고 추측하고 있을 뿐입니다.
성령의 실체를 알고
정확하게 용어를 사용하는 인자들은 많지 않습니다.

영혼의 분화와
상위자아라는 말의 의미를 모르던 시절
인류의 의식이 낮았던 시절에
성령이라는 말은
기독교에서 쓰는 용어로 한정될 수밖에 없었으며
추상적일 수밖에 없었습니다.
영의 분화와 탄생
천상정부의 구조와 실체
하늘의 실체를 명확하게 알아야만
성령을 바로 이해할 수 있습니다.

성령은
우리말의 표현으로는 천지신명✢이라고 합니다.

천지신명(天地神明)
하늘과 땅의 온갖 신령이 밝게 드러남.
모든 사물과 생명체에 신적 요소가 있다는 표현으로 쓰이며 이를 인격화하여 신앙의 대상으로 삼기도 함

생명은
창조근원(18차원 18단계)의 페르미온 에너지와
창조주의 신성의 빛인 알파(18차원 17단계)와
생명운반자로 알려진
창조주 오메가(18차원 15단계)의 에너지로
탄생하였습니다.

기독교의 성령이라는 말이 우리 땅에 들어오기 전
우리 조상들은 성령을 천지신명으로 인식하였습니다.
천지신명은 하늘과 땅이라는
비인격화된 신으로 변화하였으며
농경문화에서는 천지도 모르는 사람으로
하늘과 땅은 천지 부모로 인식하게 되었습니다.
천지 부모는 생명을 탄생시키고
생명을 길러주는 존재입니다.
천지 부모를 천지신명으로 인식하였으며
조물주(창조주)라고 인식하였습니다.
생명을 탄생시키고 길러주시는
아버지와 같고 어머니와 같은 존재를
천지신명 = 천지 부모 = 조물주(造物主)로
인식하였습니다.
우리 조상들은 조물주와 천지신명을
구분하지 않고 함께 사용해 왔습니다.

천지신명을
우주적 관점으로 보면 다음과 같습니다.
우주에 대한 지식이 없고
지구 대기권을 벗어난 적이 없는
인류의 의식 수준에서

보이지 않는 고차원 에너지와 동기감응(접속)할 때
몸으로 경험하고 체험할 때
표현하는 용어를 성경에만 의존하다 보니
성령에 대한 인류의 의식은
특정 종교적인 용어로 인식되어 왔습니다.

인류 문명의 기원인 한반도에
단지파의 고향인 한반도에 살아왔던
우리 조상들은 성령이라는 외래어보다는
천지신명이라고 표현하였으며
대활령으로 인식하였습니다.
이제는 때가 되어
우데카 팀장이 우주의 비밀을 전합니다.
우주의 삼위일체는
무한영과 우주아버지와
우주어머니(영원어머니)를 말하는 것입니다.
이분들은 대우주를 관리하고 계시는
우주의 부모들입니다.

영의 탄생은
창조근원(18차원 18단계)의 고유 영역입니다.
탄생한 영들을 기르고 보살피는 존재들이 있는데
이들을 우주의 삼위일체라고 합니다.
이들은 모두 18차원에 계시는 창조주들의 세계이며
예수님이 2천 년 전 아버지라고 불렀던 존재는
창조근원 = 조물주 = 18차원 18단계를 말하는 것입니다.
무한영 : 노사나불 18차원 17단계
우주아버지 : 18차원 16단계
우주어머니(영원어머니) : 18차원 14단계

천지신명이란
18차원에 계시는 창조주들 중
우주아버지와 우주어머니를 지칭하는 용어입니다.

성령은
내 안에 존재하는 신성을 뜻하는 용어입니다.
내 안에 존재하는 신성은
바로 나의 상위자아입니다.
4차원에 있는 아바타가
18차원에 있는 창조주의 에너지에
직접 연결된다는 것은
우주에서는 있을 수 없는 일입니다.
고차원의 에너지들은 그 행성이 속해 있는
천상정부의 진동수 범위 내로
자신의 에너지를 낮추고 진동수를 다운하여
활동하게 되는 것입니다.

성령이 임한다는 것은
내가 나의 에고로부터 벗어나
내가 나의 상위자아를 만나는 순간에
감정상의 벅찬 감정과 함께 일어납니다.
성령이 임한다는 것은
기도 중에
수행 중에
의식과 무의식 중에
보편적으로 편재하고 계시는
천지신명의 에너지에 동기감응하는 것이며
우주아버지와 영원어머니의
보편적인 사랑에 동기감응하는 것입니다.

내가 나의 에고를 벗어나
우주의 보편적 사랑의 에너지로 충만될 때
조건 없는 사랑을 품고 있을 때
아버지와 같은 사랑을 품을 때와
어머니와 같은 사랑으로 충만할 때
자연스럽게 천지신명의 에너지와
함께 동기감응하게 될 때
'성령이 임했다'라고 하는 것입니다.

불교에서는
고차원의 나를 만났을 때
견성성불(見性成佛) 또는 해탈(解脫)이라고 말합니다.
이때가 바로
성령이 임한 것이고
상위자아와의 합일이 이루어진 것입니다.

성령이 임한다는 것은
아무것도 모르는 채
물질 체험을 하며 살고 있는 아바타가
수행과 기도 중에
일상의 생활 중에
에너지체로 존재하는 우주적인 존재들과
에너지체로 존재하는 천사님들의 에너지와
동기감응 또는 에너지가 연결되는 것을
표현하는 용어입니다.

성령이 임한다는 것은
자신의 상위자아와의 만남을 통해
더 높은 에너지를 체험하는 과정이며

의식의 각성을 이루는 체험이며
보이지 않는 세계를 체험하는 과정입니다.
성령이 임하는 대부분의 경우(약 80%)가
자신의 상위자아와 합일을 이룰 때 경험하는
고차원 에너지의 체험을 말하는 것입니다.

성령은
자신의 상위자아 합일을 말하는 것 이외에
천상정부(하늘)에서 에너지체로 봉사하고 계시는
천사님들의 고에너지를
아바타가 체험할 때 느끼기도 합니다.
천상정부는 가브리엘 그룹이
모든 행정을 주관하고 있습니다.
가브리엘 그룹의 상징인 흰 비둘기가 나타나
그 증표를 보여주고 있습니다.

성령이 임한다는 것은
하늘의 선물이며 축복입니다.
자신의 상위자아와의 만남이며
상위자아와의 합일을 의미합니다.

성령이 임한다고 하는 것은
천지신명과 공명하는 것이며
대우주의 우주아버지와 영원어머니인
창조주 에너지와 공명하는 것입니다.

성령이 임한다고 하는 것은
네바돈 우주의 창조주의
남성 에너지(그리스도)이며 예수님의 에너지인

그리스도 의식과 합일되는 것이며
네바돈 우주의 창조주의
여성 에너지(네바도니아)이며 부처님의 에너지인
사랑과 자비의 에너지와 동기감응하는 것입니다.

성령이 임한다고 하는 것은
천상정부 소속 천사님들과
대우주를 관리하는 관리자 그룹들과
전체의식 속에서 공명하는 것을 의미합니다.

성령이 임한다고 하는 것은
신인합일을 의미하며
상위자아 합일을 의미하며
깨달음과 해탈을 의미하며
내가 물질세계를 벗어나
온전한 깨달음의 궁극적인 세계인
12차원 이상의 비물질 세계에 존재하는
높은 상위자아와의 만남 또는 합일을
이룬다는 것을 말하는 것입니다.

상위자아는 여러 층위로 되어 있으며
높은 상위자아와의 합일을 이루기 위해서는
낮은 단계의 상위자아 합일부터
높은 단계에 있는 나의 최종 상위자아와의 합일이
이루어져야 하는 것입니다.
높은 차원에 있는 고에너지를 지닌
상위자아 = 성령이 임한다는 것은
하늘의 축복이자
하늘의 선물이며

자신의 역할과 임무가 확대된 것이며
물질 체험을 하고 있는 인류가
영적인 존재로 확장되는 것입니다.
성령이 임한다는 것은
하늘의 방문 = 하늘의 전체의식에 연결되는 것을
의미하는 것입니다.

행성의 문명이 종결되는 이 시기에
지구 차원상승을 앞두고 있는 이 시기에
성령이 임한다는 것은
빛의 일꾼이 된다는 것을 의미하며
개벽의 주인공이 된다는 것을 의미하며
지구에서 생존이 가능하다는 것을 의미하며
하늘의 좁은문을 통과한 것을 의미하며
물질적 존재에서
영적인 존재로의 변신을 의미합니다.
의식이 각성된다는 것을 의미합니다.
더 높은 우주의 에너지를
지구에 소개하고 정박시킬 수 있는
위대한 영혼임을
하늘이 증명해 준 것임을 의미합니다.

마지막 날에
주의 영이 임한다는 의미는
주의 영은
네바돈 우주의 창조주의 에너지를
그리스도 의식이라 하며
그리스도 의식 역시 성령이며
예수님의 에너지(진리)와 연결되는 것입니다.

성령은
다양한 에너지 층위들이 존재합니다.
가장 높은 것은 천지신명의 창조주의 에너지이며
네바돈 우주의 창조주 에너지인 그리스도 에너지이며
네바돈 우주의 창조주인 석가모니 부처님의
사랑과 자비의 에너지이며
12차원에서 15차원의 고차원 존재들의
에너지를 대활령이라 하며
이 에너지와 연결되는 것을 의미합니다.
자신의 상위자아와의 합일을 말하는 것입니다.
최종 상위자아 합일을 이룬 사람을
신인합일이라고 합니다.

성령의 충만함이란
의식의 각성과 상위자아 합일과
보이지 않는 세계의 큰 에너지와
공명하고 동기감응하는 것임을
대우주의 전체의식과 함께하는 것임을
하늘의 축복이자 선물임을
우데카 팀장이 전합니다.

그렇게 될 것이며
그렇게 예정되어 있으며
그렇게 되었습니다.

2부
인간의 의식이 구현되는 원리

모든 생명에게는
창조주의 특성이 의식의 층위별로 내재되어 있으며
이 의식구현 시스템에 의해
우주는 전체의식이라는 조화와 균형 속에서
한 치의 오차 없이 진화하고 성장하고 있는 것입니다

생명과 의식의 창조 : 사고조절자

모든 생명은
의식을 가지고 있습니다.
생명의 창조와 생명을 생명답게 하는
의식구현 시스템은 동시에 창조되었으며
각각의 생명체가 의식을 구현할 수 있도록
창조주로부터 사고조절자와 함께 수여되었습니다.

의식은 생각과 감정을 가지고
자극에 반응하는 행동 패턴을 가지고 있습니다.
의식은 각 차원별로 동물과 식물계로
다르게 구현되도록 창조되었으며
진화한 동물일수록 의식구현 시스템이
복잡하게 세팅되는 것이며
우주에서 주기마다 업그레이드되고 있습니다.
식물 또한 마찬가지여서
환경에 맞게 적응하고 생존할 수 있도록
의식구현 시스템이 수여되고
우주의 주기와 상황에 맞게
업그레이드되고 있습니다.

우주가 끊임없이 팽창하고
진화한다는 것의 실체가 이것입니다.
생명의 창조와 만물의 창조를 뒷받침하는
의식구현 시스템이 우주에 존재하며
각각의 식물과 동물들마다

의식구현 시스템이 수여되었습니다.
모든 생명에게는 창조주의 특성이
의식의 층위별로 내재되어 있으며
이 의식구현 시스템에 의해 우주는
전체의식이라는 조화와 균형 속에서
한 치의 오차 없이
진화하고 성장하고 있는 것입니다.

생명체에 내재된 의식구현 시스템을
전체적으로 조율하고 있는 것이 있는데
그것을 사고조절자라고 이야기하며
이 사고조절자는 창조주에 의해서
생명체에게 수여됨으로써
생명과 의식이 결합하는 것으로
영혼의 여행이 물질세계에 펼쳐지는 것입니다.

인류는 생물학적으로
자신의 부모로부터 육신을 물려받았지만
이 육신의 주인은
그 안에 들어와 살고 있는 영혼입니다.
생명의 탄생과 함께
의식구현 시스템은 내장됩니다.
사람마다 영혼의 진화과정은 고유합니다.
이 고유한 인생의 여정을
프로그램 또는 팔자라고 하는데
우주에서는 이것을 사고조절자라고 합니다.
모든 영혼의 진화과정의 플랜이 구비되어 있으며
이것의 작용에 의해
영혼의 여행이 펼쳐지는 것입니다.

사고조절자는
전체의식을 이루는 기초가 되며
생명의 진화와 창조 행위를 뒷받침하는
창조주의 에너지이며 권능을 상징합니다.

식물과 동물은
자신에게 내장된 의식구현 시스템에 의해
영혼의 물질 체험을 하고 있는
영성이 존재하는
즉 창조주의 속성을 가진 채로
인류와 함께 공존하면서
인류에게 자신의 살(몸)을 제공하며
인류에게 무한 봉사를 하고 있는
생명과 의식을 가진 신성한 존재입니다.

우주의 모든 것이 한 치의 오차 없이
진화할 수 있는 이유 역시
사고조절자라는 컨트롤타워가 있기 때문입니다.

생명을 가진 모든 것은 의식을 가지고 있으며
이 의식은 생각과 감정을 생성합니다.
이 의식구현 시스템에 의해
하늘은 완전한 통제 속에서
전체의식을 구현할 수 있습니다.

이 전체의식에서 잠시 벗어나
호모 사피엔스라는 외투를 입고
물질 체험을 하는 인류들이
대우주의 전체의식이라는

네트워크에 접속하는 것이
차원상승이 갖는 의미입니다.

시절인연이 되어
4차원을 운영하는
보이지 않는 세계의 법칙들을
하늘의 법칙들을
인류 앞에 순차적으로
우데카 팀장은 펼쳐 보일 것입니다.

인연이 있는 인자들의 깨어남을 기대하며

성격의 형성과 사고조절자 : 영

영은 창조근원에 의해 탄생되었으며
16차원의 대영들이 영의 분화를 통해
하위 차원으로 분화하였으며
분화된 영에
창조근원으로부터 사고조절자를 부여받아
영의 개체성과 영의 독립성이 결정되어
영의 여행을 시작하게 됩니다.
에너지체로 존재하며 봉사하시는 분들은
영의 여행이라고 하며
영이 혼을 부여받아 물질 체험을 하는 것을
영혼의 여행이라고 합니다.

영의 탄생은 모두 창조근원으로부터 이루어집니다.

창조주의 특수한 영의 분화

창조주 그룹 : 18차원의 다양한 창조주 그룹
마이클(그리스도) 그룹 : 지역우주 창조주
대영 그룹 : 16차원의 대영 그룹
아보날 그룹❖ : 14차원의 특수 군인 신분
창조근원(18차원 18단계)의 직계 패밀리 분화

창조근원으로부터 탄생한 영은
16차원의 대영 그룹으로 분화될 때
진동수❖의 차이로 인해
고유한 스펙트럼❖이 형성되며

아보날 그룹
차원상승과 같은 특수임무를 수행하기 위한 창조주의 직속 군인 부대.
이번 지구 물질 문명의 종결에서는 역장의 최고 책임자로서 역할을 수행함

진동수(frequency)
단위 시간동안 진동하는 정도. 에너지(빛)의 크기와 밝기를 나타냄

스펙트럼(spectrum)
빛이 프리즘 등의 도구로 파장에 따라 분해되어 펼쳐지는 것처럼 어떤 한 가지가 여러 개의 요소로 분해되어 펼쳐진 것을 말함

하위 차원으로 분화될 때
수많은 빛의 층위를 갖게 되며
다양한 층위 위에 또 다시 창조근원으로부터
영의 개체성과 독립성을 상징하는 사고조절자를
부여받음으로써 영의 고유성이 형성됩니다.
영적 진화의 로드맵❖이
사고조절자를 부여받은 영마다
다양한 스펙트럼으로 나타나게 됩니다.
이것이 영의 개체성을 형성하는 중요 인자이며
사고조절자에 의해 영의 성격(운명)이 결정되게 됩니다.

영적 진화의 로드맵
(- road map)

영이 창조주로부터 분화할 때 갖는 스펙트럼의 고유성과 사고조절자의 프로그램을 통한 각자의 개체성에 따라 수립되는 영의 진화 여정(계획)

인간의 성격은 태어날 때 형성됩니다.
인간의 성격을 결정하는
보이지 않는 세계에서의 결정 요인은
고차원에 존재하는 상위자아보다는
영의 윤회 프로그램과
영에 부여된 사고조절자의 프로그램에 따라
인간의 성격이 결정됩니다.

영의 밝기는 영의 차원에 따라 다르며
높은 차원의 상위자아를 가진 영일수록
영의 크기 또한 크게 결정됩니다.
영의 크기와 영의 밝기에 따라
혼 에너지의 크기와 밝기도 결정이 됩니다.
인간의 성격은
영혼백 에너지 중 혼 에너지에 설치되는
매트릭스 구조에 의해
가장 많은 영향을 받고 있습니다.

영은 어느 차원 어느 곳에서 출발했는지를
증명하는 출생증명서와 같은 의미가 있습니다.
영에 부여된 사고조절자의 내용에 따라
영의 진화의 방향이 결정됩니다.

인간의 성격(운명)을 결정짓는 여러 개의 인자중에
영은 영의 진화의 방향과
인생의 프로그램을 결정하는 인자이며
혼은 인식의 층위에 영향을 미치고 있으며
인간의 생각이나 감정과 의식의 층위를 형성하는데
영향을 미치고 있습니다.
백은 영혼이 물질 여행을 하기 위해
입어야 하는 외투(종)◆를 결정하며
외투에 맞는 의식구현 시스템의 수준을
결정하게 되고
외투에 여러 가지 장애물(봉인)들을 설치하여
그 외투에 최적화된 의식을 구현하게 도와주는
하드웨어 역할을 하고 있습니다.
인간의 성격의 형성은
영의 분화된 기원(차원)과 사고조절자와
혼에 설치된 빛, 중간, 어둠의 매트릭스의 구조에 의해
백에 설치된 물질 여행을 하기 위해 선택되는
외투(성별, 외모, 인종)에 의해 결정되고 있습니다.

인간의 성격은 태어날 때
영혼백 에너지의 정교한 조율 과정을 거쳐
인생에서 체험하고 공부해야 할
프로그램 내용에 맞추어 최적화된 상태로
천부인권의 형태로 태어나게 되는 것입니다.

> **외투(종)**
> 영혼이 물질 체험을 위해 입는 몸체(body).
> 우주에서 각 주기마다 조류, 어류, 갑류(파충류), 주류(포유류)와 이 네 가지가 합쳐진 휴머노이드형들의 몸체를 탄생시켰으며 이 종족들 안에 수만에서 수백만 개의 종들이 존재함

인류는 그냥
이곳 지구에 그냥 내던져진 것이 아니라
영혼의 여행을 위해
영혼의 물질 체험을 위해
호모 사피엔스의 외투를 걸치고
영혼백의 에너지 조율 과정을 거쳐
이곳 지구에 우주의 십자가를 지고
우주의 카르마를 풀기 위해
영혼의 진화를 위해
모든 것을 봉인한 채
아무것도 모르는 채
보이는 것이 전부로 알고 살고 있는 우주적 존재입니다.

하늘은 다양한 방법으로
여러분들의 의식을 깨울 것입니다.
자신이 온 곳으로
자신이 갈 곳으로
아무것도 모르는 채
대부분의 인류는 육신의 옷을 벗고
지구를 떠나갈 것이지만
새하늘과 새땅 위에서 살아가기로
250만 년 전에 계획되고 예정된 인자들은
죽고 싶어도 마음대로 죽을 수 없으며
250만 년 전에 세워진 하늘의 계획대로 깨어나
지구의 6차원 정신문명을 열어갈 예정입니다.
그렇게 될 것이고
그렇게 프로그램되어 있으며
그렇게 한 치의 오차 없이
하늘의 뜻이 땅에서 이루어질 것입니다.

✨ 인간의 성격(운명)이 형성되는 원리

영	영이 분화된 차원	영에 사고조절자 부여	영의 윤회 프로그램 결정	소프트웨어

	• 다양한 스펙트럼과 층위
	• 영의 밝기 차이
	• 영의 크기를 결정
		• 사고조절자 프로그램
		  = 영적 진화의 로드맵
		  → 영의 개체성, 독립성, 고유성 결정
		  → 영의 진화의 방향 결정		

혼	혼의 크기와 밝기를 결정	• 혼에 매트릭스 설치 → 빛, 중간, 어둠 결정 • 상념체 비율이 크면 혼 에너지 부족으로 인한 문제 발생 (의도된 구조적 모순)	인식의 층위, 생각·감정 의식의 층위 형성에 영향	성격 형성에 혼의 영향이 가장 큼

백	영혼의 물질 여행을 위한 **외투(종) 결정** → 성별, 외모, 크기, 인종 결정 (사고조절자의 프로그램에 최적화)	• 외투에 맞는 의식구현 시스템 수준을 결정	여러 가지 장애물(봉인) 설치	하드웨어

↓

영혼백 에너지의 정교한 조율

인간의 탄생 **+** 인간의 성격(운명) 형성 = 천부인권

성격의 형성과 매트릭스 : 혼

혼은
네바돈 우주의 창조주(크라이스트 마이클)의
분신인 네바돈 우주의 11차원 관리자에 의해
탄생되었습니다.

인간의 성격(운명)은 태어날 때 형성되며
인간의 성격을 결정하는
보이지 않는 세계에서의 결정 요인 중
혼에 의해 영향을 받는 경우가 많습니다.

인간의 성격은
혼 에너지에 설치되는
매트릭스 구조에 따라 달라지게 되는데
빛의 매트릭스와 중간계 매트릭스 그리고
어둠의 매트릭스 세 가지로 되어 있습니다.
혼에 설치되는 매트릭스는
빛을 통과하는 일종의 에너지 막으로
빛을 잘 통과시키는 것과
빛이 통과는 되지만
그림자가 만들어지는 경우가 존재합니다.
어둠의 매트릭스는 모기장과 같은 격자망으로
빛의 일부는 통과시키지만 모든 빛을 통과시키지
못하고 그림자(물질=어둠)를 남기게 됩니다.

빛의 매트릭스라 할지라도

빛의 밝기와 밀도가 다양하게 존재하며
영의 물질 여행의 프로그램(삶의 내용)에
따라 다양한 층위가 존재합니다.
빛의 매트릭스의 격자망은
영의 프로그램의 성격에 맞추어
촘촘하게 또는 느슨하게 설치됩니다.
빛의 매트릭스의 격자망이 촘촘해질수록
중간계의 성향이 강해지게 됩니다.❖

빛의 매트릭스의 격자망이 촘촘해질수록 중간계 성향이 강해지게 됩니다

아무리 빛의 매트릭스라 할지라도 매트릭스의 설치 자체가 영 에너지의 빛을 왜곡시키는 장애물이기 때문에 격자망이 촘촘해질수록 왜곡된 빛의 성향이 나오게 됨.
매트릭스 구조로만 본다면 격자망이 촘촘하고 진해질수록 영혼의 공부과정상 어려운 난이도의 장애물임

혼에 설치된 중간계나 어둠의 매트릭스는
온전하게 빛을 통과시키지 못하기 때문에
인간의 가슴에 거하고 있는
영 에너지가 혼이라는 매트릭스 구조를 통과하면서
영 에너지가 온전하게 펼쳐지지 못하고
매트릭스 구조에 따라
왜곡되고 굴절되는 현상이 나타납니다.

영으로부터 발산되는 밝고 투명한 빛들이
혼에 새겨진 매트릭스의 격자망의 밀도에 따라
왜곡되어 나타나는데
이것이 바로 성격이 형성되는 원리입니다.

빛의 매트릭스가 투명한 색으로 그린 격자망이라면
중간계나 어둠의 매트릭스 격자망은
유성 매직으로 그린 격자망에 비유할 수 있습니다.
빛의 매트릭스라 할지라도
투명한 색으로 그린 격자망의 층위가
매우 섬세하고 다양하게 분포되어 있기에
영 에너지가 빛의 매트릭스 격자망의 필터에 따라

다양한 빛의 스펙트럼이 만들어지는데
이것이 바로 인간의 성격이 형성되는
보이지 않는 세계의 원리입니다.

매트릭스 구조에 따른 특성

	빛의 매트릭스	중간계 매트릭스	어둠의 매트릭스
형상			
	격자망이 백색이고 전체적으로 하얀 순백색으로 빛남	격자망이 검은색이며 전체적으로는 약간 어둡게 보임	검은색 격자망이 촘촘하여 새까맣게 보임
특성	• 사랑과 긍정의 원리 • 영적 삶을 추구 • 전체성(oneness) • 자연법(양심, 天心) 중시	• 균형과 조화의 원리 • 중간적 위치를 지향 • 기회주의, 운둔형 재야인물 • 빛과 어둠 양쪽의 특성을 가짐	• 옳고 그름의 사회적 정의와 부정(否定)의 원리 • 물질적 풍요를 지향 • 이원성(duality), 분리의식 • 법과 사회제도 중시

혼(魂) + 매트릭스 = 중간계 성향

예) 빛 : 중간 : 어둠 = 3 : 5 : 2

혼에 새겨진 중간계와 어둠의 매트릭스
그물망의 필터는 그 영이 가진 영 에너지를
심하게 왜곡되게 만들어 버립니다.
같은 공간에서
같은 말을 듣고 같은 곳을 보고 같이 공감을 하지만
같은 상황이나 같은 사건을 보고 같은 사물을 보지만
서로 간에 이해하는 정도가 다르고
서로 사물을 인식하는 의식의 차이가 생기고
행동을 하는데 있어서도 많은 차이가 나는 것 역시
혼에 설치된 매트릭스의 종류와
격자망의 구조의 밀도에 의해 차이가 나는 것이며
이것이 인간의 개성으로 나타나며
인간의 성격으로 나타나게 되는 것입니다.
서로 같은 곳을 보고
서로 같은 것을 듣고
서로 같은 것을 체험하고 경험하지만
서로의 의식의 층위는 분명하게 차이가 나게 됩니다.

단순히 지능이 높거나 낮기 때문에
나타나는 것이 아니라
혼에 설치된 매트릭스 구조에 따라
에너지가 뇌의 회로에서 처리되고 흡수되는
정보 처리 능력에 차이가 생기며
메타 의식구현 시스템의 작동 원리가
매트릭스의 차이에 따라 다르게 구현되기 때문에
인간의 성격이 혼에 설치된 매트릭스 구조에 따라
다르게 형성되는 것입니다.
말이 통하지 않는 사람들이 있으며
말이 전혀 통하지 않는 영혼들도 있으며

말이 필요하지 않으며
눈빛만 봐도
서로의 마음을 알 수 있는 경우도 있습니다.
이 모든 것은 그 사람과 나 사이에
혼에 새겨진 매트릭스 구조나 구성의 차이에서
오는 것이며
인간의 최고의 모순은
매트릭스의 구조가 다른데서 오는
불통(不通)의 문제가 자리잡고 있습니다.

 혼에 설치된 매트릭스 차이에 따른 성격 구현

혼에 설치된 매트릭스의 특성	
• 매트릭스의 종류 - 빛(투명한 격자망) - 중간, 어둠(유성매직 격자망)	• 매트릭스 격자망의 밀도 차이

매트릭스 특성에 따른 성격의 차이	
• 영 에너지 왜곡의 차이	• 뇌의 정보처리 능력의 차이
• 메타 의식구현 시스템의 작동원리가 다르게 적용되어 구현됨	

인간 최고의 모순 = 매트릭스 차이로 인한 불통의 문제

※ 매트릭스의 종류

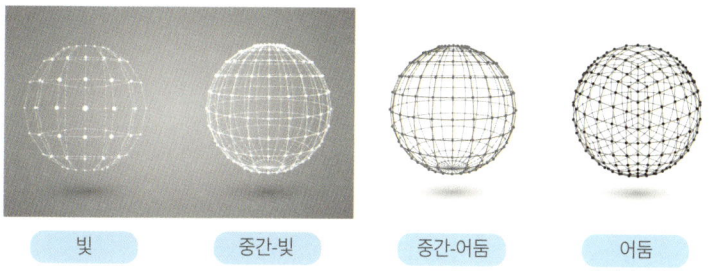

빛 　　　 중간-빛 　　　 중간-어둠 　　　 어둠

영 에너지의 빛의 다양한 스펙트럼과
영의 물질 체험의 내용과 형식에 따라
혼 에너지의 매트릭스에 설치되는
필터의 스펙트럼 또한
다양하게 세팅되도록 되어 있습니다.
영과 혼의 스펙트럼의 층위의 다양성이
호모 사피엔스의 성격을 규정하게 되며
호모 사피엔스의 개체성과 개성을 만들어내는 것입니다.

혼 에너지는
죽음을 맞이하는 과정에서 상념체가 생겨나게 되고
상념체 속에 갇혀 있는 혼 에너지가 강할수록
영혼의 물질 체험에서 혼 에너지가
결핍되거나 부족하게 되는데
혼 에너지의 비율에 따라
다양한 인간의 문제가 나타납니다.

혼 에너지가 36% 미만이고
영 에너지가 빠져나간 경우를 좀비라 합니다.
영 에너지가 분리되고 혼 에너지가 36% 이상이면
사고 기능이 저하되며 폭력성이 증폭되며
인지 기능이 정상적이지 못해
정상적인 대화가 불가능하며
집착하고 파괴적인 성격이 나타납니다.

영 에너지가 정상이고
상념체에 갇힌
혼 에너지가 온전하게 작용하지 못할 때
즉 혼 에너지가 70%를 넘지 못할 때는

정신분열✤ 증상이 나타납니다.
혼 에너지가 50%를 넘지 못할 때는
상념체의 내용에 강하게 지배를 받습니다.
오늘을 살고 있지만 과거의 영향 속에 살게 되며
정신분열의 증세가 심각해지며
우울증이나 조울증의 증세가 나타나기도 합니다.

정신분열
현실에 대한 왜곡된 지각, 비정상적인 정서체험, 사고와 행동의 총체적인 손상과 괴리 등으로 나타나는 정신장애

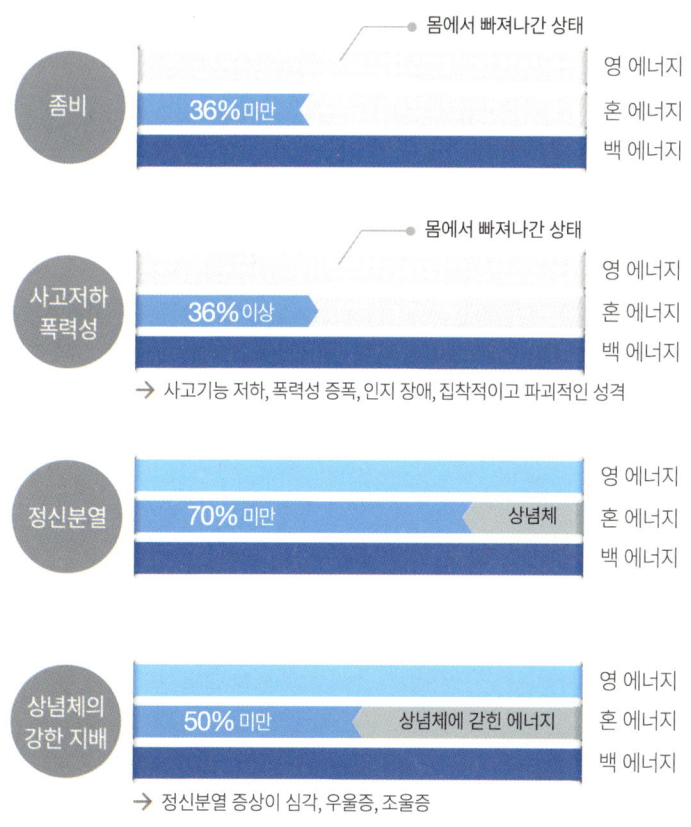

영과 혼의 에너지가 부족한 경우 나타나는 인간의 문제

영혼은 에너지입니다.
영과 혼의 에너지 스펙트럼에 따라
인간의 다양한 성격이 창조되며
혼 에너지를 구성하는 매트릭스의 구조와 상념체는
인간의 인격성이 결정되는 중요 인자이며
인간이 물질 체험을 하기 위해
영과 혼의 배움과 체험을 위해
인간의 구조적인 모순을 일부러 가지고 온 이유입니다.
이것은 종교에서 말하는 원죄가 될 수 없으며
물질 체험을 위한 게임의 장치이며
연극을 위한 배우의 분장일 뿐입니다.

서로가 서로에게
우리가 우리에게
좋은 배우이자 좋은 파트너로서
가해자와 피해자로서
남성과 여성으로서 나투어 태어나
서로의 공부를 위해
영적인 진화를 위해 체험하는 것입니다.

영과 혼 역시 파트너이며 분리될 수 없는 하나입니다.
흥미진진한 인생의 게임을 위해
서로의 성장과 진화를 위해
4차원 물질 세상을 운영하는 매트릭스의 주관자인
하늘이 설치하고
하늘이 관리하고
하늘이 그렇게 프로그램한 것이라는 것을
우데카 팀장이 전합니다.

성격의 형성과 봉인 : 백

영혼이 물질 체험을 하기 위해서는
영혼을 담는 그릇이 존재해야 합니다.
영혼을 담는 그릇을 영혼이 입는 옷에 비유합니다.

식물과 동물들 역시 영혼을 담는 그릇이 있는데
외투를 형성하는 에너지를 백 에너지라 하며
백 에너지는 그 행성의 가이아들에게서
공급받게 되어 있으며
죽을 때는 백 에너지를 행성 가이아*들에게
돌려주어야 하는 것이 우주의 법칙입니다.

어떤 영이 진화 과정상
3차원 물질의 삶을 체험하는 계획이 있다면
자신이 입을 옷을
어떤 색깔, 어떤 디자인으로 할지 결정해야 합니다.
영의 결정에 의해 프로그램이 완성되면
프로그램에 최적화된 혼 에너지가 조율되고
프로그램에 최적화된 매트릭스 구조가
결정이 되어 설치됩니다.
영과 혼의 에너지가 조율이 되면
물질 체험 프로그램의 내용과 목적에 최적화된
성별이나 지역, 가족 관계 등이 준비되어
탄생과 더불어 그 행성의 모나노 시스템에
접속하게 됩니다.

> 행성 가이아(Gaia)
> 행성 자체를 개체성을 가진 하나의 의식으로서 부를 때 사용하는 말.
> 행성마다 의식의 차원과 특성에 따른 차이가 존재함. 지구 가이아는 지구가 속한 지역우주(네바돈 우주)의 창조주 에너지의 음(陰)적 측면인 네바도니아 의식임

영의 크기를 얼마로 정할지
혼에 설치되는 매트릭스를 얼마나 촘촘하게
설치할지를 결정하게 되고
영혼이 들어가 입을 옷의
외모와 크기 등이 섬세하게 고려되어
사고조절자의 프로그램에 최적화된
백 에너지가 디자인되는 것입니다.

영은 사고조절자에 의해
상위자아에 의해 관리되고 통제되고 있으며
혼은 빛, 중간, 어둠의 매트릭스로
지역우주 창조주의 에너지(지역우주 창조주의
에너지 분화)에 의해 설치 운영되며
백은 지역우주 창조주의 어머니(행성 가이아의
특성에 따라 다름)의 에너지를 가지고 형성됩니다.

영혼백 에너지의 근원은 다음과 같습니다.

영 = 사고조절자 = 창조근원
혼 = 진리의 영 = 크라이스트 마이클
　　 = 네바돈 우주의 창조주 = 예수
백 = 거룩한 영 = 네바도니아 어머니
　　 = 네바돈 우주의 어머니 = 석가모니

영혼백의 에너지를 보호하기 위한
7개의 에너지 막들이 있는데
이것을 오라 에너지✢라고 합니다.
몸 안쪽에 있는 막일수록 진동수가 낮으며
백 에너지를 보호합니다.

오라(Aura) 에너지
생명체를 둘러싸고 있는 눈에
보이지 않는 에너지층.
생명장(life field)

영혼백 에너지의 근원

몸 바깥쪽으로 형성되어 있는 막일수록
진동수가 높으며 영 에너지를 보호하고 있습니다.

우리 몸에는 눈에 보이지 않는 봉인✛들이
참 많이 존재합니다.
고차원의 영들이 진동수를 줄이고 줄여서
4차원에 하강하여 내려오기 때문에
아무것도 모르는 채
아무것도 기억나지 못하게 하는 것도 부족해서
한 사람 당 봉인이 보통
6개에서 10개 정도가 설치되어 있습니다.

봉인(封印)

'밀봉하여 도장을 찍는다'는 뜻으로 하늘이 인간의 능력과 에너지를 축소·제한하는 것. 그 능력을 사용할 때가 되면 상위자아와 천상정부의 합의 하에 봉인을 해제하게 되며 그 때부터 그 사람(영혼)의 본 모습이 드러나게 됨

봉인의 유형

영에 설치된 봉인 :
최종 상위자아 합일과 함께 해제가 되며
오라 에너지 막
6번째와 7번째에 주로 설치가 됩니다.
의식의 각성을 담당합니다.
현재의식과 잠재의식 일부를 담당하고 있습니다.
메타 의식구현 시스템의 15% 정도가
영의식과 관련되어 있습니다.

혼에 설치된 봉인 :
메타 의식구현 시스템의 85%가
혼의식에서 구현되고 있으며
무의식과 잠재의식 일부분을 담당하고 있으며
오라 에너지
4번째와 5번째에 설치되어 있습니다.
빛, 중간, 어둠의 매트릭스 구조가
가장 강력한 봉인입니다.
많은 봉인들이 설치되어 있는 곳입니다.

백에 설치된 봉인 :
인간의 성격을 결정하는 장부 봉인❖과
경락 봉인❖이 설치되어 있으며
가장 많은 봉인이 설치되어 있는 곳입니다.
무의식의 영역을 담당합니다.
오라 에너지의 2번째와 3번째 막에
가장 많은 봉인이 설치되어 있습니다.

장부 봉인
신체의 오장육부에 설치하는 봉인으로 장부의 기능을 제한하고 성격 형성에 영향을 미침.
예를 들어 비장이 봉인된 사람은 자신감이 떨어지고 사람들 앞에 나서는 일을 잘하지 못하게 됨

경락 봉인
다양한 형태로 경락의 에너지 흐름을 막아 원활하게 사용하지 못하도록 설치된 봉인.
노궁과 용천에는 영혼의 기억 봉인이 있음

봉인의 유형

	영에 설치된 봉인	혼에 설치된 봉인	백에 설치된 봉인
봉인의 특성	• 의식의 각성 담당 • 최종 상위자아 합일과 함께 해제됨	• 매트릭스 구조 (빛, 중간, 어둠)가 가장 강력한 봉인 • 많은 봉인이 설치됨	• 장부봉인, 경락봉인으로 인간의 성격을 결정 • 가장 많은 봉인이 설치됨
설치 위치	• 오라에너지 6~7번째 막	• 오라에너지 4~5번째 막	• 오라에너지 2~3번째 막
메타 의식 구현 시스템상 관련 영역	• 현재의식, 잠재의식 일부 • 메타 의식구현 시스템의 15%가 영의식과 관련	• 무의식, 잠재의식 일부 • 메타 의식구현 시스템의 85%가 혼의식에서 구현	• 무의식 영역 담당

몸청소❖를 하고 차크라를 열고
상위자아 합일을 이루고
영혼백의 에너지 정렬❖을 하는 것의 의미는
몸의 진동수를 높이는 것이며
의식의 각성을 이루기 위해
반드시 거쳐야 하는 과정이며
봉인을 해제하는 과정임을 인지하여 주시기 바랍니다.

여러분들의 의지와 상관없이 하늘의 계획에 의해
빛의 일꾼으로서의 역할이 있는 인자들에게
차원상승된 지구에서 살아가기로 준비되고
예정된 인자들에 한해 지금 이 시기는
축복의 시간입니다.

몸청소

물질계를 살아오면서 몸에 쌓인 탁기를 고진동의 빛을 이용하여 내보내고 세포의 진동수를 높이는 하늘의 에너지 정화 작업.
차크라 개통 전 필수 과정

영혼백 에너지 정렬

최종 상위자아 합일 뒤 고차원 에너지에 적응하기 위한 영혼백의 에너지 조정 작업. 백 에너지가 높은 진동수에 적응하는 과정과 혼 에너지의 축소, 정화 과정을 거치면서 영혼백의 조화와 균형을 맞추어 영 에너지가 본격적으로 활동할 수 있게 함. 최종 에너지 조정이 완료된 빛의 일꾼의 증표로 단중(젖꼭지 사이 중앙)에 삼태극 형상으로 나타남

몸청소가 이루어지고 있으며
상위자아 합일이 이루어지고 있으며
영혼백의 에너지 정렬이 이루어지고 있으며
봉인이 해제되고 있습니다.
그 이유는 오직 당신이 지구 차원상승 과정에서
자신이 지구에 가지고 온 역할과 임무라는
하늘의 소명이 있기 때문입니다.

즉 당신을
하늘 일을 하는 빛의 일꾼으로서
빛의 일꾼을 돕는 협력자로서
새로운 정신문명을 열어 나갈 주인공으로서
이미 250만 년 전에 준비되고 계획된 인자들에 한해
하늘이 일을 시키기 위해 그렇게 하고 있는 것입니다.

당신의 기도가 이루어진 것도 아니며
당신이 특별하게 착해서 선정된 것도 아니며
당신이 좋은 일을 많이 해서 된 것도 아니며
당신이 나쁜 일을 많이 해서 회개할 기회를
신이 주기 위해서도 아닙니다.

당신의 영혼의 진화 과정상
체험해야 하고 통과해야 하고
봉사해야 하는 역할과 임무가 있기 때문이며
250만 년 전에 당신이 그렇게 하기로
하늘과 당신 사이에 신성한 약속(계획)이 있었기에
하늘은 그 약속을 이행하는 것일 뿐입니다.

이제는 당신이 빛의 일꾼으로

빛의 일꾼의 협력자로
6차원에 살아가야 할 인자들로
그 약속을 이행시키기 위해
하늘 일을 시키기 위해
몸청소를 해주고 차크라를 연결해 주고
상위자아 합일을 시켜 주고
영혼백의 에너지 정렬을 시켜
하늘과의 소통을 위한 준비를
하늘이 나의 의지와는 상관없이
진행하고 있는 것입니다.
이 우주에 공짜는 없습니다.

그렇게 될 것이며
그렇게 예정되어 있으며
그렇게 한 치의 오차 없이
하늘의 일들이 땅에서 펼쳐질 것입니다.

 봉인의 해제

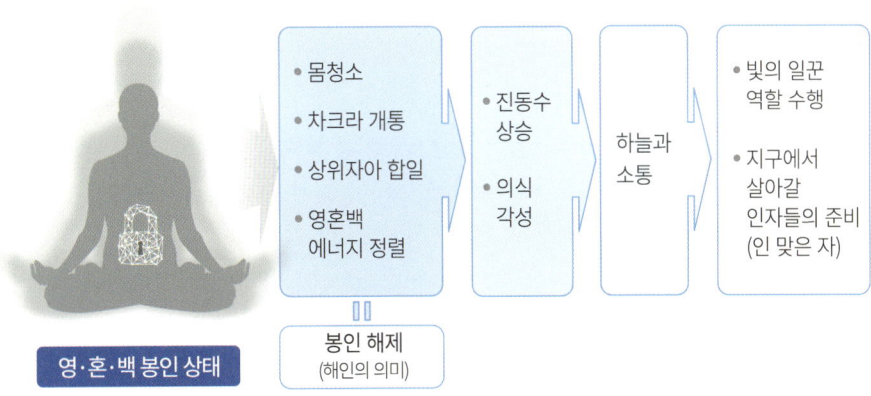

메타 휴머노이드 의식구현 시스템과 전체의식

의식(consciousness, 意識)

생명체가 외부환경에 반응하여 나타나는 의지, 감정, 생각 느낌 등을 포함한 일체의 현상.
만물은 의식을 가지고 있으며 무생물은 의식의 개체성이 없이 전체의식에 연결되어 있고 생명이 있는 존재는 각자의 개체성을 가지고 진화의 정도에 따라 고도화됨

의식✢은
창조주께서 생명을 가진 생물체들에게 주신
숨결이자 빛입니다.
무생물 또한 낮은 단계의 의식을 가진 존재입니다.
만물은 의식을 가지고 있으며
지금까지는 각자의 진동수 영역에서
공명하고 있다고 알려져 왔습니다.

이 우주에 존재하는 모든 만물들은
각자의 특성에 맞는 의식을 가지고 있으며
생명체의 진화 정도에 따라
의식을 구현하는 시스템이 종별로
다양하게 존재하고 있으며
의식을 구현하는 시스템은
7차원의 기술로 작동되는 시스템입니다.

생명체들이 환경에 적응하고
서로 의사소통을 하며
자극에 어떻게 반응하고
기관들이 어떻게 감각 기능들을
생존에 활용하는지에 대한 컨트롤타워 역할이 있는데
이것을 의식구현 시스템이라 합니다.
이 의식구현 시스템은 사고조절자에 의해
또 다시 조율되고 있습니다.

지금까지의 의식에 대한 인류의 지식은
뇌의 기능으로 제한적으로 설명하고 있습니다.
우주에서 의식은
무의식과 잠재의식, 현재의식으로
이루어져 있습니다.
단순한 생명체일수록
무의식의 영역이 작거나 없으며
생명체가 고도화될수록
무의식의 영역과 잠재의식의 영역이 넓게 분포하며
현재의식의 영역 또한 넓고 광범위합니다.

호모 사피엔스의 의식구현 시스템을
우주에서는
메타 휴머노이드 의식구현 시스템이라고 합니다.
인간이 생각하고 창조하는 능력은
내가 느끼고 인지하기 전에
무의식의 영역에서
먼저 그에 관한 정보가 활성화되고
그 후에 잠재의식의 영역에서 활성화되고
마지막으로 현재의식이 활성화되어
새로운 생각이나 내면의 느낌으로 이어집니다.
이렇게 무의식에서 잠재의식을 거쳐 현재의식으로
의식이 구현되는 데 걸리는 시간은 매우 짧으며
순간적으로 구현되어집니다.

상상력이나 창의력
발견과 발명들은
우연히 일어나는 것처럼 보이지만
실제로는 그에 관한 정보들이 그의 대뇌에 있는

무형의 의식구현 시스템에 다운로드되어 있던 것이
때가 되어 활성화되어
내가 인지하고
내 생각으로
내 느낌으로 받아들이고 인지하고 있는 것입니다.
이 모든 정보를 입력하고 활성화하는 존재들은 바로
여러분들의 상위자아와 천상정부 소속의 천사님들이며
이들을 인류는 막연하게
하늘이라고 인식하고 있습니다.

의식을 구현하는 시스템은
생명체별로 정형화되고 패턴화되어 있습니다.
의식을 구현하는 시스템은
우주의 7차원의 정교한 공학기술로
만들어진 시스템입니다.
모든 생명체들에게 수여되었으며
이 의식구현 시스템대로 생명체들은
우주의 설계도에 맞추어
환경에 적응하며 살아가고 있는 우주적 존재들이며
환경의 조건들이 변화할 때마다
새롭게 업그레이드됩니다.

7차원의 우주의 기술로 설계된 의식구현 시스템들은
하나의 전체 네트워크로 연결되어 있는데
이것을 전체의식이라고 합니다.

우주가 전체의식 속에서 함께하고 있다는 것은
모두가 같은 정보망을
사용하고 있다는 것을 의미합니다.

의식구현 시스템의 네트워크망에서
같은 내용의 정보를 공유하고 있다는 것을 의미합니다.

이제는 지구 행성의 문명이
대우주의 순환 속에 합류하여야 하는
시기가 되었기에
시절인연에 따라
우데카 팀장이 공개하는 것입니다.

호모 사피엔스라는 외투를 걸치고
지구에서 영혼의 진화 과정을 선택한
지구의 행성 주민들은
이 메타 휴머노이드 의식구현 시스템
자체는 잘 작동하였지만
전체의식과 관련된 정보가 다운로드 되지 않고
차단되어 있었기에
아무것도 모르는 채 인류들은
전체의식 속에서 분리된 채로 삶을 살아 왔으며
지구에서 인류만이 왕따를 당한 채로
독불장군으로 살아 왔습니다.

새로운 지구에서는
의식구현 시스템의 재조정이 이루어짐에 따라
동식물들과 자유로이 의사소통을 할 수 있을 것이며
모두가 전체의식을 공유하며
공존하며 살아가게 될 것입니다.

모든 것은 연결되어 있습니다.
지금까지는 소수의 인자만이

높은 의식구현 시스템에 접근이 허가되었습니다.
정보의 통제✦가 줄어들 것이며
의식구현 시스템 또한 업그레이드 될 것이며
각 동물과 식물들의 의식구현 시스템 또한
업그레이드 될 것이며
이것이 우주의 진화이며
차원상승과도 연결되어 있습니다.

대우주는 정교한 시스템으로 이루어져 있으며
이 시스템은 더 높은 수준에서 통합되어 운영되는데
이것이 바로
전체의식을 이루는 토대가 되는 것입니다.
의식의 눈을 뜬 소수의 인자들을 위해
보이지 않는 세계의 진리를 찾는
시절인연이 있는 인자들을 위해 이 글을 남깁니다.

정보의 통제

인류는 전체의식 네트워크망을 주관하는 천상정부에 의해 전체의식에 접속이 차단되어 있었음.
차원상승을 통해 6차원의 정신문명이 열리면 전체의식으로의 접속이 허용되며 더 높은 차원의 정보들이 주어질 예정임

모나노 시스템

생명체에 의식이 부여된다는 것은
호모 사피엔스의 몸(외투)에 영과 혼이
들어온다는 것과 같은 의미를 갖습니다.
생명체는 모두 각각의 수준에서
의식을 구현하는 시스템을 가지고
다양한 환경에 적응하며 살아가고 있는
의식의 층위가 다양한 존재들입니다.
인간은 의식을 가진 존재의 수준을 넘어서
태어날 때부터 삶을 마감할 때까지
설계된 각자의 고유한 인생의 프로그램❖을 통해
4차원 행성에서 영혼의 여행을 하고 있는
우주적인 존재입니다.

이번 생애에 필요한 삶의 프로그램은
자신의 영혼과 상위자아와
천상정부의 환생위원회(11차원)와
카르마위원회(11차원)의 조율 속에
한 인간의 주요 프로그램 내용들이 결정됩니다.
한 인간의 삶의 거시적인 문제들과
미시적인 문제들까지
촘촘하게 설계되고 계획되고 조율되어
인류 사회의 전체 네트워크망 속에
충돌 없이 질서 있게 삶이 펼쳐지도록 하는
하늘의 9차원 네트워크망이 존재하는데
이것을 우주에서는 모나노 시스템이라고 합니다.

> **프로그램**
>
> 영혼이 진화과정상 물질세계의 체험을 하기 위해 이번 생을 어떻게 살아갈지 보이지 않는 세계에서 자신의 상위자아와 천상정부가 조율하여 결정한 인생계획.
> 개인의 프로그램은 행성의 프로그램과 대우주의 프로그램 안에서 세팅되어짐

소셜 네트워크망
개인 또는 집단들이 모여 서로의 상호적인 관계에 따라 만들어지는 사회적 관계 구조

카르마위원회
영이 물질체험을 하며 발생한 카르마에 따라 프로그램을 조율하고 설계하는 카르마 관리 기관.
물질세계의 최고 관리차원이자 총괄 관리 시스템이 있는 11차원에 환생위원회와 함께 존재함

모나노 시스템에 의해
모든 인류의 삶은 보이지 않는 손에 의해
질서 있게 관리되고 있으며
안전하면서 완전한 통제 속에 있습니다.
모나노 시스템은
인간의 삶의 거시적 프로그램과
미시적 프로그램 모두를
하나의 소셜 네트워크망✧ 속에서
충돌 없이 작동하게 합니다.
다양한 변수들을 제거하면서
호모 사피엔스의
불안정한 감정상태 등을 고려하면서
인류의 삶 속에
하늘은 이렇게 깊게 관여하고 있습니다.
그래서 인류의 삶은 겉으로 보기에는
인류 스스로 만들고 창작한 것 같지만
사실상은 모나노 시스템에 의해
하늘과 인류가 공동 창조한 역사이며
문화이며 문명인 것입니다.

모나노 시스템을 변경하기 위해서는
카르마위원회✧의 동의가 필요하며
한 사람의 인생 프로그램 내용이 변경될 경우
그 사람과 연결되어 있는
수많은 사람들의 프로그램 또한
변경이 불가피하기 때문에
카르마위원회의 충분한 검토를 거친 후에야
실행이 가능합니다.
실제로 여러분들의 상위자아의 요청에 의해

모나노 시스템의 수정이 가능하며
다른 말로 바꾸어 표현하면
내 상위자아의 동의 없이 나에게는
어떠한 일도 발생할 수 없다는 것을 의미합니다.

인류의 삶은 하늘의 계획에 의해
하늘이 정한 프로그램대로 이루어지며
상황에 따른 변수를 제거하며
원래 그 사람이 체험하고자 하는 내용과
원래 계획했던 이번 생의 공부 내용들이
변질되지 않고 원판 불변의 법칙을 지켜내는
하늘의 공평무사한 시스템이 바로
모나노 시스템입니다.

지구에 살고 있는 인류 모두는
모나노 시스템에 의해 관리되고 있으며
모나노 시스템에 접속되어 있으며
하늘의 완전한 통제 속에서
자신의 고유한 인생의 여정을 체험하고 있습니다.
겉으로 보기에는
나의 자유의지처럼 보이고
내 생각인 것처럼 느끼고
내 느낌으로 직관처럼 느껴지고
내 마음대로 살고 있다고
내가 나의 삶의 주권자이고
내가 삶의 완전한 통치자처럼 보이지만
실제로 여러분들의 삶의 주체는
하늘에 에너지체로 계시면서
자신의 아바타와 함께 공동으로

삶을 체험하고 감정과 의식을 공유하고 계신
여러분들의 상위자아라고 보시면 됩니다.

상위자아는
모나노 시스템에 관여할 수 있는
유일한 존재이며
여러분들의 이번 생을
보이지 않는 세계에서 지휘하고
관리하기 위해 최적화된 에너지체로 존재합니다.
우리에게는 진아(眞我)라고 알려져 왔으며
뉴에이지(New Age)에서는 내안의 신성이라고
표현하고 있습니다.

모나노 시스템에 접근할 수 있는
여러분들의 상위자아(진아, 내안의 신성)는
여러분들의 인생의 고비 고비마다
내면의 소리로 안내를 하고 있으며
귀신분들이나 어둠의 천사님이나
빛의 천사님들의 도움을 받아가며
여러분들이 이번 생에 경험하기로 한
몇 시간 단위로 몇 분 단위까지도 촘촘하게
짜여져 있는 프로그램들을
예정대로 집행하고 있습니다.
변수를 제거하기 위해
잠시도 한눈을 팔지 않고
잠시도 여러분들을 떠나지 않고
모나노 시스템을 통해 관찰자로서
간접 참여자, 간접 경험자로서
여러분들의 삶을 모니터링하고 있습니다.

예정된 프로그램의 수정이나
다른 변수들에 의해
프로그램 수정이 필요하다면
그와 관련된 모든 상위자아들이 모여
동의가 이루어져야
프로그램 변경이 이루어지게 됩니다.

하늘이 운영하고 있는 모나노 시스템에 의해
모든 인류는 완전한 통제 속에서
대우주의 사랑 속에서
고유한 자신의 영혼의 여행을 보호받고 있으며
관리되고 있으며 조율되고 있습니다.
모나노 시스템은
각 개인의 의식구현 시스템을 통제하고 있으며
사고조절자의 영역 또한 관리하고 통제 할 수 있는
9차원 천상정부의
최고 관리시스템이라고 할 수 있으며
정교하며 한 치의 오차 없이 실행되고 있는
9차원 최고의 기술이라고 말할 수 있습니다.

지구에 살고 있는 모든 인류는
정교한 보이지 않는 손인 모나노 시스템 안에서
삶을 살다가 갈 수 밖에 없는 유한한 존재이며
한 번의 삶으로 배우고 체험할 수 있는 것은
매우 제한적입니다.
지금의 여러분의 모습은
여러분 영혼의 본래의 모습이 아닌
이번 삶에 맞추어
외모를 선택하고 부모를 선택하고

민족이나 지역을 선택하고 온
배우이자 학생으로서의 모습일 뿐입니다.

여러분들은 지구 행성이 아닌
다른 우주 다른 행성 어느 곳에 태어나
여행을 하고 삶을 살아간다 하더라도
4차원 삶을 관리하고 운영하는
우주의 보편적인
모나노 시스템을 벗어날 수 없습니다.
차원이 높아질수록 업그레이드된
모나노 시스템들이 기다리고 있습니다.

하늘은
하늘이 일하는 방식에 의해
완전한 통제 속에
완전한 관리 속에서
모든 영혼들의 여행을 공평무사하게
효율적으로 관리하고 있음을
우데카 팀장이 전합니다.

알파고와 메타 휴머노이드 의식구현 시스템

인공지능 컴퓨터 알파고♣와
프로기사 이세돌의 바둑대결을 지켜보면서
인류의 문명이 한 단계 도약하는 사회적 변곡점이
되는 시점에 도달했다는 생각을 가져 봅니다.
인류가 처해있는 현 상황을
우주적 관점으로 살펴볼 필요가 있어
다음과 같이 기록으로 남깁니다.

지구행성의 과학 기술 문명은 평균적으로
5.3차원에 해당되며 우리가 일반적으로 사용하는
최신형 개인용 pc가 여기에 해당되며
우리가 편리하게 사용하는 최신형 스마트폰은
우주에서 5.8차원에 해당되는 기술입니다.

어둠의 정부가 보유하고 있는 과학 기술은
6.4차원에서 6.8차원까지 발전해 있으며
이번 알파고의 인공지능 수준은 우주에서 보면
6.2차원의 과학 기술로
6차원의 초보 과학 기술에 해당됩니다.

지구 행성의 과학 기술이 이미 6차원의
과학 기술을 구현하기 시작하였으며
일반적으로 과학기술 문명이 정신문명에 비해
한 차원 정도가 높게 형성되어 유지될 때
물질문명과 정신문명이 이상적인 조화가 이루어집니다.

> **알파고(AlphaGo)**
>
> 구글에서 만든 인공지능 바둑 프로그램으로 CPU 1,200개로 이루어진 슈퍼컴퓨터. 세계 최고의 바둑기사로 평가되는 이세돌과의 대결에서 4대 1로 이겨 인공지능이 바둑에서도 인간을 넘어서게 됨

예를 들어 어떤 행성의 과학기술 문명이
7차원이라면 그 행성의 정신문명은 6차원이 될 때
조화와 균형이 맞으며 문명으로서 안정감 있게
진화할 수 있는 것이 우주의 보편적인 법칙입니다.
정신문명에 비해 물질문명이 지나치게 앞서면
전쟁이나 자체 대립으로 문명은
균형을 잃고 멸망하게 됩니다.

정신문명이 물질문명보다 너무 앞서게 되면
마야 문명과 잉카 문명처럼
정신문명을 뒷받침할 물질문명이 충분히 발달하지
못했을 때에도 문명은 균형을 잃거나 정체되며
겨우 명맥을 유지하는 수준이거나
물질문명과의 경쟁 속에서 도태되어 역사 속으로
사라지게 되는 것이 우주의 보편적인 이치입니다.

물질문명은 정신문명보다 늘 앞서서
발전하는 것이 우주의 순리인데
지구 행성의 물질문명이 평균 5.3정도임을 감안하면
지구는 아직 과학기술 문명의 수준이 낮은 행성입니다.
하지만 어둠의 정부의 과학기술이
6.4차원에서 6.8차원인 것을 감안하면
지구라는 행성 또한 6차원 정신문명으로의
차원상승이 임박했다는 것을 알 수 있습니다.

인간의 창조의 힘을 구현하는 호모 사피엔스의
의식구현 시스템이 7차원으로 구성되었기에
5차원 초기 버전인 알파고와의
바둑 경기는 앞으로 인류에게 감정이라는 변수를

창조적으로 승화해야 하는 문제가 남아 있으며
호모 사피엔스의 능력을 최대한 발휘할 수 있는
조건에서만 가능할 것입니다.

인류는 앞으로
6차원 정신문명으로의 차원상승을 앞두고 있으며
지구라는 행성 역시 물질문명이 앞서고
정신문명이 뒤따르는
행성의 발전 과정을 따르고 있을 뿐입니다.
지구는 다른 행성에 비해
과학기술 문명의 발달이 늦은 감이 있으나
지구는 우주의 문제를 해결하기 위한
실험행성과 종자행성으로서
그 역할과 임무를 충실히 수행하였습니다.

250만 년의 지구의 역사는
우주의 카르마를 해소하기 위해
새로운 우주의 진화를 위해 존재하였습니다.
겉으로는 인간의 욕망과 자유의지처럼 보이지만
보이지 않는 세계는 늘 존재하였으며
보이지 않는 하늘과 인류의 자유의지가
공동 창조한 우주의 대서사시입니다.
지구의 역사는
우주 역사에 빛나는 역사로 기록될 것이며
지구 행성은 우주의 중심이 될 것이며
우주의 보석 행성이 될 것입니다.

그렇게 될 것이며
그렇게 되었습니다.

인간이 불평등하게 살고 있는 이유

세상을 살면서 불합리하다고
느끼는 것들은 너무나 많이 있습니다.
태어날 때부터 주어지는
남자와 여자의 성별이 그렇고
사회적 신분이 결정되는 것 역시
논리적으로 합리적으로 받아들이기
어려운 것들 중에 하나입니다.

누구는 태어나면서 머리가 좋고
재능을 많이 가지고 태어났으며
누구는 별다른 노력 없이도 남보다 앞서가고
누구는 남들보다 더 많은 노력을 해도
천재들을 따라갈 수 없다는 것을
인생을 살아본 사람들은 알고 있거나
인정할 수밖에 없을 것입니다.

인간은 불공평하게 태어났으며
인간은 불평등하게 태어났으며
인류 사회는 불합리하며
논리적으로 설명할 수 없는 모순들이
가득한 곳입니다.
태어나면서 결정되는 능력의 차이는
분명히 존재하며
실질적인 불평등 속에서
형식적인 평등을 보장하는 방향으로

인류 사회는 발전해 왔으며
이 시스템에 의해
인류 사회는 유지되고 있는 것입니다.

지구를 뒤에서 운영하고 있는
핵심 엘리트 그룹(어둠의 정부 수뇌부)들은
태어날 때부터
350정도의 지능을 발휘할 수 있으며
자신의 하늘에서의 신분을 기억하고 있으며
자신이 지구 행성에서 맡고 있는
어둠의 역할의 중요성도 알고 있으며
천상의 존재들과의 소통을 통해
모든 것을 인지한 채로
자신에게 부여된 업무를
하늘의 완전한 통제 속에서
수행하고 있을 뿐입니다.
자신이 태어날 때부터
일반인들과 다르다는 것을 알기에
그들은 그들만의 세상 속에서
그들의 논리로 세상을 살고 있는 것입니다.
어둠의 하위 단계로 내려갈수록
어둠의 매트릭스의 영향을 많이 받게 됩니다.

생명체들은
모두 의식을 가지고 있습니다.
의식을 가진 모든 생명은
의식을 구현하는 시스템이 존재하는데
이것은 세포에 새겨져 있지 않으며
생명 에너지장(오라 에너지)에

무형으로 존재하는 의식구현 시스템에 의해
의식은 구현됩니다.

의식의 층위가 곧 의식구현 시스템의
성능에 의해 결정이 됩니다.
같은 종에 똑같은 버전으로 설치되어 있는
메타 의식구현 시스템이라 할지라도
봉인의 종류와 숫자에 따라 달라지며
혼에 새겨지는 매트릭스에 따라 달라지며
카르마의 영향으로 의식구현 시스템에
장애나 기능 저하가 신체적인 제약과 함께
나타나기도 합니다.

메타 의식구현 시스템에 의해
생명은 의식이 구현되며
생명체로서 즐길 수 있는 기쁨을 누릴 수 있습니다.
의식을 구현하는 시스템들에 의해
식물들과 동물들이 확연히 구분되며
동물들 중에서도 의식구현 시스템의 구현 정도가
높을수록 환경에 잘 적응할 수 있으며
창조적인 능력을 사용할 수도 있습니다.
메타 의식구현 시스템을
더욱더 고도화시킬 수 있는 것이 있는데
메타 의식구현 시스템을 하드웨어라 한다면
소프트웨어에 해당하는 것이 있는데
이것을 인류는 재능이라 하며
인간의 개체성과 인격성을 갖게 하는
역할을 가지고 있습니다.
이것을 쉽게 컴퓨터 프로그램에 비유해서

폴더라고 하겠습니다.
인간은 모두 동일한 버전의
메타 휴머노이드 의식구현 시스템을
가지고 있습니다.
메타 의식구현 시스템을 구조적으로 제약하는
봉인이나 카르마, 신체적인 장애 등이 있으며
메타 의식구현 시스템에는 아무 문제는 없지만
재능이나 능력의 차이가 발생하는 것은 대부분
개인마다 가지고 온 폴더의 숫자와
폴더의 내용이 다르기 때문입니다.

영어에 관심이 많고 재능이 있는 사람은
영어와 관련된 영어 폴더를 가지고 온 사람이며
미술에 관심과 재능이 있는 사람은
미술과 관련된 폴더를 가지고 온 사람입니다.
재능과 능력과 관련된 모든 것들은
이렇게 보이지 않는 세계에서
의식을 구현하는 프로그램을 충분히 특화하여
가지고 온 사람임을 말하는 것입니다.

인간의 재능이라고 하는 것도
인간의 능력이라고 하는 것도
인간의 창조적 능력이라고 하는 것도
인간이 가진 예술적인 감수성과 재능 역시도
내 친구가 나보다 수학을 잘 하는 것도
그가 그 인생의 프로그램을 위해
가지고 온 폴더의 내용이 모두가 다 다르게
세팅되어 있다는 것입니다.

불평등하게 보이고
불합리하게 보이고
노력을 해도 안 되는 것은 안 되게 되어 있습니다.
모든 불합리한 것들이 사실은
메타 의식구현 시스템에 의해
폴더의 양과 질에 의해서 결정이 되는 것입니다.
이것을 인간은 자신의 능력인 것처럼
자신이 신으로부터
하늘로부터
부모로부터 받은 것으로
대단한 착각을 하며 살고 있는 것입니다.

 개인별 의식구현 시스템의 성능 차이

메타 휴머노이드 의식구현 시스템 **구조적 제약 요인** (하드웨어적)	메타 휴머노이드 의식구현 시스템 **기능 고도화 요인** (소프트웨어적)
• 봉인(종류, 숫자) • 매트릭스 • 카르마 • 신체적 장애 등	폴더의 숫자와 내용이 다르게 세팅됨 (예: 영어, 미술, 운동 등)
성능 장애	**성능 향상**
메타 의식구현 시스템의 기능 저하, 장애	메타 의식구현 시스템의 성능 고도화
인간의 의식의 층위를 결정	인간의 재능(능력)의 차이 발생

영혼의 여행을 위해
물질 체험을 통한 영혼의 진화를 위해
인간은 태어날 때부터 불평등하도록
영혼의 수준에 맞는 장애물들이
메타 의식구현 시스템에 설정되어 있는 것입니다.
이것이 보이지 않는 세계의 법칙이며
눈에 보이는 것이 전부가 아니며
영혼의 공부와 진화를 위해
영혼의 물질 체험을 위해
자기 수준에 맞는 난이도를 가지고
우주에서의 계급장을 떼고
4차원 우주학교에 와서
모두가 공부하고 있는 학생들입니다.

우주학교의 특성이 있는데
젊고 어린 영혼들에게는
많은 폴더들이 주어지며
금수저보다는 다이아몬드 수저를
선택할 수 있는 우주의 배려가 있으며
빛의 일꾼이나 우주에서 신분이 높은 이들은
흙수저를 선택할 수밖에 없는 것입니다.
우주에서 신분이 높은 존재들은
가지고 올 수 있는 폴더 또한
매우 제한되어 있습니다.

특수한 역할을 수행해야 하며
문명 체인저✤의 역할이 있으며
봉사자로서
희생자로서의 삶을 사는 경우가 대부분입니다.

> **문명 체인저(- changer)**
> 지구 문명이 진행되는 과정에서 흐름과 결과의 판도를 뒤바꿔 놓을 만한 중요한 역할을 한 인물이나 사건

처음부터 불공정한 게임입니다.

하늘의 입장에서 보면
사회적 신분이 높거나
학문과 예술에 천재성을 가진 사람이나
처음부터 좋은 환경에 태어난 사람이나
인간이 자랑으로 여기고 있는 모든 것들과
인간이 남보다 경쟁력이 있다고 생각하는
모든 것들은 폴더의 다양성 때문이며
그 이상도 그 이하도 아닌 것입니다.

이것이 모든 물질 여행을 하고 있는
영혼들이 가진 본질이며
이것이 천부인권 사상의 시작이며
창조주께서 모든 영혼들에게 주신 선물입니다.
겉으로는 불합리해 보이지만
전체의식 속에 있는 영혼들에겐
누구에게나 공정한 실질적 평등이 주어지는
절대 공평무사한 법칙인 것입니다.

하늘의 입장에서 보면
모든 인간은 평등하며 고귀한 존재입니다.
모두가 자신의 영혼의 진화 과정에 꼭 맞는
자신의 영혼의 공부를 위해
최적화된 상황을 연출하기 위해 입는
의상에 불과할 뿐입니다.

물질의 매트릭스가 강한 암흑 행성에
창조근원의 직계 자녀들인 아보날 그룹과

대우주를 관리하는 핵심 관리자 그룹들이
이 모든 것을 알면서도
250만 년 전에 이곳 지구 행성에
우주의 십자가를 지고 온 인자들을
빛의 일꾼이라고 합니다.

빛의 일꾼들은
인생의 과정에서
99번은 패배하게 설계되어 있으며
마지막 1번은 꼭 승리하도록
프로그램되어 있을 뿐입니다.
이 비밀이 메타 의식구현 시스템에
숨겨진 폴더의 비밀이며
불평등한 인격성의 시작이며
빛의 일꾼들의 슬픈 운명입니다.

3부
하늘의 실체

보이는 세계는
보이지 않는 세계의 펼쳐짐 속에 있습니다
보이지 않는 그 위대한 대우주의 사랑을
이제는 인류가 알게 되고 깨닫게 되는 날이 올 것입니다

하늘은 스스로 정한 길을 간다

갈등과 부조화
불평등과 부조리
폭력과 전쟁
옳고 그름
두려움과 공포 등은
모두가 에너지의 작용입니다.

육신을 갖고 있는 호모 사피엔스 입장에서 보면
내가 느끼는 감정이나 욕망으로 다가오는 것이지만
이것 역시 에너지입니다.

세상 모든 것은 에너지로 되어 있으며
우리가 삶을 산다고 하는 것 역시
우주적 시각으로 표현한다면
에너지를 체험하고 이해하고
다루는 기술을 배우는 것이
영혼의 공부이자 영혼의 진화과정이라 할 수 있습니다.

세상 모든 만물과 우주의 삼라만상도
모두가 에너지로 되어 있으며
에너지 게임이며
이 에너지를 빛이라고 합니다.

에너지체로 존재하면서
에너지를 능수능란하게 다루는 분들이

하늘이며 천사님들이며
여러분들의 상위자아와 관리자 그룹입니다.
창조근원 역시 가장 고귀하고 숭고한
에너지의 근원이며 에너지 그 자체인 것입니다.

물질의 옷을 입고 있고 혼의식에 새겨져 있는
빛과 중간과 어둠의 매트릭스로 인해
인간과 동물은 감정과 욕망이라는 것이
존재하는 것이며
인간의 감정과 욕망을 완전하게 통제하고
관리할 수 있는 보이지 않는 손을
인류는 하늘이라고 인식하고 있는 것입니다.

하늘의 일을 하고 있는 존재들 모두는
에너지체로 존재하고 있으며
그 에너지체들마다
창조근원으로부터 부여된 사고조절자를 통해
창조주와 에너지로 연결되어 있으며
이것을 전체의식이라고 합니다.

각 차원별로 전체의식의 네트워크가 존재하며
차원별로 철저하게 관리되고 있는 것이
하늘의 실체입니다.

인간 세상에서 일어나고 있는
끔찍한 사건과 사고들은 모두
여러분들의 상위자아와
자신의 관리자 그룹의 동의 즉
하늘의 허락 하에 일어나고 있습니다.

끔찍한 전쟁, 살인이나 강간, 폭력과 갈등
불합리하게 보이는 모든 것들과
부조리하게 보이는 모든 것들과
말이 안 되고 상식적이지 않다고 여기는
모든 것들은 하늘이 지켜보는 가운데
예정대로 프로그램대로
일어날 일들이 일어나고 있는 것입니다.

인간의 역사는 인간만의 역사가 아닙니다.
인간의 역사 뒤에는 보이지 않는 하늘이 있었으며
인류와 하늘이 공동으로 창조한 역사입니다.

인간과 하늘이 공동으로 창조한
문화와 역사 속에 인류가 살고 있는 것이며
이것은 우주의 순리이자
우주가 순행하는 법칙이며
이 법칙을 계획하고 집행하고 관리하는
보이지 않는 우주의 부모들이 있는데
이들을 우리는 하늘이라고 부릅니다.

우주의 부모로서
우주의 법칙을 관리하는 수호자로서
우주의 법칙을 집행하는 관리자로서
하늘은 하늘 스스로 정한 그 길(프로그램)을
스스로 가고 있을 뿐이며
여러분들 역시
하늘이 정한 그 프로그램에 동의하고
오신 분들입니다.

에너지체로서
휴가도 없이
잠도 자지 않으면서
음식도 먹지 않으면서
오직 자신에게 맡겨진 임무와 역할들을
창조주의 에너지장 속에서
전체의식 속에서
우주의 부모로서
투덜대고 화내고
징징대고 떼를 쓰고 하소연하고
복을 구하고 욕을 하고 원망하는
자신의 아바타들을 위해
하늘은 오늘도 가슴을 닫고
하늘 스스로 정한 그 길(프로그램)대로
무심하게 여러분들을 바라보고 있을 뿐입니다.

무심한 마음으로
어디로 튈지 모르고
에너지를 다루는데 미숙한 인류가
더 큰 사고치는 것을 방지하고
예정된 대로
약속한 인생의 프로그램을 원활하게 수행하기 위해
한 치의 양보도 없이
한 치의 오차 없이
완전한 통제 속에 하늘은 하늘이 정한 그 길을
오늘도
가슴을 닫은 채
가고 있을 뿐입니다.
이것이 하늘의 실체인 것입니다.

천상정부의 구조 : 상위자아 그룹

하늘이 있을까?
있다면 어디에 어떻게 어떤 모습으로 있을까?

인류의 마음속에만 있었으며
경전 속에만 갇혀 있는
인류의 의식 속에 있는
하늘의 모습을 공개하고자 합니다.

인류의 의식은
지구 대기권 밖을 벗어난 우주에 대해서는
원시인이나 아프리카 부시맨과 다를 것이 없습니다.

영성인(靈性人)
영혼의 존재와 신성함을 믿으며 자신의 내면에서 신을 찾고 영혼의 진화를 위한 삶을 지향하는 사람

영성인✢이라고
자신이 무언가를 안다고 하는 사람일수록
자신의 상위자아가
아직도 자신의 왼쪽 가슴에만 있다고 생각하는 분은
아직도 상위자아가 한 분만 있다고
생각하고 계시는 무지를 드러내고 있는 것입니다.

상승하는 영혼·하강하는 영혼의 상위자아
P.21 도해 참조

상위자아는 홀수 차원마다 존재하며
상승하는 영혼의 상위자아✢는 최대 세 분이며
하강하는 영혼의 상위자아✢는
최대 여덟 분까지도 존재합니다.

상위자아분들이 모여서

자신의 아바타를 위해 봉사하는 곳이
하늘이며 천상정부인 것입니다.

상위자아분들을 관리하고
천상정부와 하늘을 관리하는 존재들이 있는데
이들은 관리자 그룹이라 합니다.
이들은 짝수 차원에 존재하며
이들 또한 광범위하게 하늘이라 부를 수 있습니다.

자만과 교만이란
스스로 갇혀 자신의 것만을 옳다고 믿는 것이거늘
외부에서 자만과 교만을 찾는 사람만이
가득한 것이 인류의 모습입니다.

우리가 믿고 있고
우리가 알고 있는 하늘은 아주 상식적인 것입니다.

하늘은
천상정부는 지구 행성보다도 큰 행성이며
행성급 우주 함선이며
고정된 것이 아니며 움직이고 있습니다.
이것을 우주연합 함선이라고 하며
지구는 예루살렘호에 속해 있으며
예루살렘호는 지구와 태양과 같은 행성과 항성
3,600개를 통제하고 관리하는 함선입니다.

예루살렘호가 바로
지구인들이 믿고 있는 하늘의 실체입니다.
예루살렘호를 이끌고 있는 최고 책임자가

여러분이 잘 알고 계시는 예수님의 아바타입니다.
창조주의 분신들과 함께 천상정부를
공동 관리하고 계십니다.
예루살렘호는
10차원 관리자 그룹의 통제를 받고 있습니다.

관리자 그룹의 최고 책임은 17차원의 피닉스 함선이며
빛의 생명나무에서는 듀카호라고 부릅니다.
최고 책임자는 역시 예수님입니다.

하늘은 완전한 관리와 통제를 위해
천상정부와 관리자 그룹으로 우주 함선을 통해
이원(二元)으로 인류를 관리하고 보호하고 있으며
하늘의 뜻이 땅에서 이루어지도록
최선을 다하고 있습니다.

시절인연에 따라 하늘의 실체를 인류에게 전합니다.

상위자아 그룹과 관리자 그룹

	상위자아 그룹	관리자 그룹
위 치	• 홀수차원에 존재	• 짝수차원에 존재 (상위자아보다 한 차원 위)
	- 상승하는 영혼 : 최대 세 분 - 하강하는 영혼 : 최대 여덟 분	- 최고 관리자는 본영보다 한 차원 위
역 할	• 아바타의 프로그램 관리	• 정보 통제 • 상위자아분들과 천상정부를 관리

	- 아바타를 분화할 때는 1:1로 아바타를 관리하는 상위자아를 홀수차원마다
	  함께 분화하고, 다시 이중으로 크로스체크 할 수 있는 관리자를 둠
	  관리자는 1대 다수로 아바타를 관리
	- 본영이 직접 아바타에게 미치는 영향을 최소화하여 독립성을 보장하기 위한 장치	

천상정부의 구조 : 관리자 그룹

하늘은 인류에게 최대 주주이면서
하늘 스스로 실체를 드러내 보이지 않았으며
하늘은 늘 보이지 않는 손이었습니다.
하늘을 향한 인류의 생각이나 관념들은
종교나 문화의 상징물들을 통해
다양하게 나타나 있습니다.

하늘은 보이지는 않지만
인류에게 두려움의 대상이었으며
하늘은 보이지는 않지만
인류에게 경외와 공경의 대상이었습니다.

하늘에 대해
신에 대해
하늘이 일하는 방식에 대해
인류에게 알려진 신들의 실체에 대해
인류는 아무런 해답지를 갖지 못한 채
자신이 알고 있고 자신이 믿고 있는 수준에서
하늘과 신을 알고 있을 뿐
보이지 않는 하늘에 대해
대우주의 구조와 법칙에 대해
인류가 알고 있는 지적 수준들은
아무것도 모르는 어린아이와도 같은 수준입니다.

이제는 그때가 되어

하늘의 실체에 대해
우데카 팀장이 하늘의 맨얼굴을 소개하고자 합니다.

보이지 않는 하늘이
보이는 하늘로 실체를 드러낼 것입니다.

하늘은
천상정부라는 행정을 중심으로 하는 기구와
행정을 뒷받침하는 관리자 그룹으로 존재합니다.

천상정부의 구성은
아바타들의 상위자아들과
행정 전문가들인 15대천사들과
귀신 선생님과 어둠의 천사님들과
빛의 천사님들로 되어 있으며
정교한 우주의 고차원 컴퓨터 공학 시스템들을
보유하고 있으며 이 시스템을 관리하고 통제하는
비물질체이자 에너지체로 존재하는
천사님들에 의해 집행되고 있습니다.
가브리엘 대천사님이 행정부의 수장이며
15지파 천사님들과 긴밀한 협력 속에
임무를 수행하고 있습니다.

천상정부가 행정 관료라면
관리자 그룹은 천상정부의 법 집행을
관리하고 통제하는 조직으로
군대 성격을 가지고 있으며
이들은 우주 함선에 승선하여
천상정부의 시스템에 함께 접속되어

행성이나 항성들의 진화를 책임지고 있는
무장 조직입니다.

관리자 그룹들은
행성이나 항성, 은하들의 스타게이트를 통제하며
행성의 고유한 진화를 유도하며
특수 임무와 작전을 수행하며
천상정부의 행정 업무를 지원하고
창조주의 통치 행위를 뒷받침하는
최고의 엘리트 그룹입니다.

관리자 그룹들은
천상정부와 함께 아바타들을 이중으로 체크하면서
원래의 계획대로
하늘에서 정한 프로그램대로
영혼들이 스스로 정한 인생의 프로그램대로
집행될 수 있도록 돕고 있는 보이지 않는 존재들입니다.

관리자 그룹들 중에는
우주 연방 함선들이 있으며
우주 연합 함선들이 있으며
은하 연합 함선들이 있으며
항성 연합 함선들이 있으며
행성 연합 함선들이 있으며
자신의 역할에 따라 은하의 스타게이트❖들을 통제하며
행성이나 항성들의 스타게이트를 통제하며
행성이나 항성들의 자기장과 중력들을 조정하며
각종 에너지들의 중개 역할을 수행하며
행성의 그레이드를 설치하기도 하며

스타게이트(stargate)
우주 공간의 성단, 은하, 항성, 행성 간을 연결하는 빛의 통로.
시간과 공간을 축소해서 어떤 공간에 빠르게 도달하기 위한 수단으로 설치한 것

우주의 실험실을 운영하며
창조를 위한 데이터들을 확보하고
행성이나 항성들의 주기를 관리하며
은하나 은하단들을 관리하는 그룹이며
요직에는 가장 먼저 창조된 조인족들이 맡고 있습니다.

하늘은 행정 조직인 천상정부와
무장 조직인 관리자 그룹으로 운영되고 있습니다.
빛의 통로의 역할을 수행하고
각종 운반자로서 역할을 수행합니다.
지구 대기권에 수많은 UFO들이 존재하고 있으며
함선에는 물질생활을 하고 있는 아바타의
최종 상위자아분의 관리자 그룹들이
존재하고 있으며 자신의 아바타들에게 주어지는
정보의 통제를 담당하고 있습니다.

12차원 이상의 관리자 그룹은
지구 대기권 밖 함선에 존재하고 있으며
11차원 이하의 관리자 그룹은
지구 대기권 안에서 소형 함선들을 통해
작전 임무를 수행하고 있습니다.

지구의 차원상승 과정에서
자연의 대격변과 바이러스 난 이후
역장 생활을 통해 인류의 의식이 깨어난 후
빛과 어둠의 통합이 이루어진 후에는
인류는 함선들을 직접 눈으로 목격하게 될 것이며
함선에 타고 있는 에너지체로 있는
존재들을 만나시게 될 것입니다.

 천상정부와 관리자 그룹

	천상정부	관리자 그룹
성격	• 행정조직 • 행정 관료 중심	• 무장조직(군대성격) • 천상정부의 법 집행을 관리 통제, 행정기구를 뒷받침
구성	• 아바타의 상위자아들 • 행정전문가인 15대천사들 • 특수부대 (귀신선생님, 어둠의 천사님, 빛의 천사님) • 행정부 수장 : 가브리엘 대천사	• 관리자들
형태	• 지구보다 큰 행성. 행성급 우주함선	• 우주함선
지구의 소속 기관	• 예루살렘호 • 최고 책임자 : 예수님의 아바타 - 창조주의 분신들과 공동 관리	• 17차원 피닉스 함선(듀카호) : 최고 관리자 그룹 • 최고 책임자 : 예수님
주요 업무	• 지구, 태양과 같은 행성과 항성들 약 3,600개를 관리	• 천상정부의 시스템에 함께 접속되어 행성이나 항성들의 진화를 책임짐
	• 천상정부와 관리자 그룹은 이중으로 아바타들을 체크하면서 인생 프로그램이 원래 계획대로 집행될 수 있도록 도움	

상세 내용	• 11차원 : 카르마위원회, 환생위원회
	  - 12개의 시스템으로 운영
	  - 대표시스템 : 판드로닉스 시스템
	
	• 9차원 : 천상정부 고위위원회
	  - 540개의 시스템으로 운영
	  - 대표시스템 : 모나노 시스템
	
	• 7차원 : 천상정부
	  - 1,600개의 시스템으로 운영
	  - 대표시스템 : 메타 의식구현 시스템
		• 행성, 항성, 은하들의 스타게이트 통제
		• 행성의 고유한 진화를 유도
		• 특수임무와 작전 수행
		• 천상정부의 행정업무 지원
		• 창조주의 통치 행위를 뒷받침하는 최고의 엘리트 그룹
		• 행성이나 항성들의 자기장, 중력 조정
		• 각종 에너지들의 중개 역할
		• 행성의 그레이드 설치
		• 우주의 실험실 운영, 창조를 위한 데이터 확보
		• 행성과 항성들의 주기 관리, 은하와 은하단 관리
		
		• 12차원 이상 그룹
		  : 지구 대기권 밖 함선에 존재
		• 11차원 이하 그룹
		  : 지구 대기권 내 소형 함선에 존재

천상정부의 구조 : 우주공학 시스템

인류가 막연하게 알고 있던 하늘을
우주에서는 천상정부라고 합니다.
지구가 속해 있는 은하는 네바돈 은하이며
지구가 속해 있는 태양계를 포함하여
지구 인근에 있는 3,600개 정도의 행성과 항성들을
관리하는 천상의 전문적인 행정기구를
천상정부 또는 하늘이라고 합니다.

이 많은 행성과 항성들은
우주의 최첨단 공학 기술로 운영되고 있으며
18차원의 우주로 설명하면 다음과 같습니다.

7차원의 의식구현 시스템과 같은
최첨단 컴퓨터 시스템으로 상징되는
1,600개의 시스템들이 모여
7차원의 천상정부를 이루고 있습니다.

모나노 시스템과 같은
9차원의 540개 정도의 정교한 컴퓨터들이
연결되어 모든 행성과 항성에 관한
정보들을 다루고 있는데
이것을 천상정부 고위위원회라 부릅니다.

11차원은 카르마위원회 또는 환생위원회라 하며
7차원과 9차원의 정보를 관리하고 통제하는

공학 기술을 가지고 있는데
이것을 판드로닉스 시스템이라고 합니다.
11차원 기술인 판드로닉스와 같은
12대의 시스템으로
3,600개의 모든 행성과 항성을
안전하게 관리하고
완전한 통제 속에 관리하고 있으며
이것이 인류가 그동안 막연하게
알고 있는 하늘의 정체이며 실체입니다.

천상정부의 구성은
가브리엘 대천사님이 행정수반을 맡고 있으면서
모든 업무를 효율적으로 관리하고 있습니다.
각 차원의 관리 시스템을 관리하는
15천사 그룹들이 에너지체로 있으면서
최선을 다해 봉사하고 있습니다.

천상정부는
5차원의 영계를 운영하는 동시에
다음과 같은 특수 부대들도 운영하고 있습니다.
빛의 천사님들과 어둠의 천사님들
용분❖들과 귀신분들까지도
관리시스템에 의해 안전하고도
완전한 통제 속에 관리하고 있습니다.
프로그램마다 오류를 제거하며
변수들을 제거하며
특수부대들까지 동원하며
상위자아와 천상정부 소속 천사님들까지
전체의식 속에서 4차원에 일어나는

용(dragon, 龍)
용들은 인류에게 상상의 동물로 여겨졌지만 보이지 않는 세계에 실재하고 있으며 하강하는 영혼들과 일부 상승하는 영혼들에게 배속되어 에너지 정화와 함께 물리적 사고와 충격 등으로부터 아바타를 보호하는 역할을 함

모든 것들을 허용하며
삶이 펼쳐지는 것을 허용하고 있습니다.

하늘은 이렇게
하늘 스스로의 규칙과 법칙으로
대우주를 운행하고 있으며
대우주는
사랑과 자비와 연민의 에너지로 되어 있으며
이것이 모든 시스템들을 움직이는 에너지들입니다.

세상에서 벌어지는 일들이
때로는 불합리해 보이고
때로는 부조리해 보이고
때로는 모순처럼 보이고
때로는 갈등처럼 보이지만
그 모든 것을 허용하면서까지
배워야 할 교훈과 가치가 영혼들에게 있기 때문에
그런 일들이 일어나고 있는 것입니다.

보이는 세계는
보이지 않는 세계의
정교한 법칙 속에
완전한 통제 속에
한 치의 오차도 없이 펼쳐지고 있을 뿐입니다.

하늘은 늘 무심하게 보이지만
그 안에 숨어 있는
보이지 않는 에너지들의 법칙들을
이해하고 나면

창조주의 사랑을
하늘의 사랑을
천사님들의 사랑을
상위자아님들의 사랑이
다 하나의 전체의식 속에 있음을
아시게 될 것입니다.

보이는 세계는
보이지 않는 세계의 펼쳐짐 속에 있습니다.
보이지 않는 그 위대한 대우주의 사랑을
이제는 인류가 알게 되고
깨닫게 되는 날이 올 것입니다.

의식에 눈을 뜬 인자들에게
시절인연이 있는 인자들에게
이 글을 선물로 드립니다.

하늘의 실체 : 매트릭스의 주관자

하늘은
나에게 복을 주기 위해 존재하지 않습니다.
하늘은 우리 가족의 건강을 지켜주고
취업을 시켜주기 위해서 존재하지 않습니다.

하늘은
수많은 수행자들과 직업적인 종교인들에게
깨달음을 주기 위해
성령을 부어주기 위해 존재하지 않습니다.

하늘은 내 기도를 들어주기 위해
존재하지 않는다는 것을 알면서도
안 되는 줄 알면서도
수행과 기도의 풍요 속에
기도의 빈곤의 시대에 살고 있습니다.

하늘이 존재하는 이유는
정의사회 구현을 위해서가 아닙니다.
하늘은 복지사회를 실현하기 위해
존재하지도 않습니다.
하늘은 이상 국가를 실현하기 위해
존재하지도 않습니다.

하늘의 이름으로
신의 이름으로

인간은 끊임없이 자의적으로
인간의 눈높이에 맞춘
인간을 꼭 닮은
자신의 입맛에 꼭 맞는
다양한 스펙트럼을 가진
하늘과 신들을 창조하였습니다.

자신의 신념을 강화하기 위해
자신의 믿음을 완성한다는 착각 속에서
자신의 정의로움을 드러내기 위해
신의 뜻인 것처럼
하늘의 뜻인 것처럼
신의 이름으로 하늘의 이름으로
자신과 의견이 다른 사람들을
단죄하고 심판하고 무시하고
전쟁을 일으켜 학살을 하고 있으며
마녀로 사탄으로 사이비로 낙인을 찍어
악명 높은 심판관으로 살고 있습니다.
지금 이 순간도
세계 곳곳에서 신의 뜻을 빙자하여
신의 이름으로
수많은 살인과 폭력들이 난무하고 있습니다.

하늘은
인간에 의해 오염된 지 오래 되었으며
어디서부터 잘못되었는지
시시비비를 가리는 것이 무의미할 만큼
뿌리에서 열매에 이르기까지
썩어서 구린내와 비린내가 진동함에도 불구하고

아무것도 모르는 척
무엇이 잘못된 것인지도 모르는 채
신의 이름으로 하늘의 뜻인 양
타인을 비판하고 타인을 판단하고
타인을 향해 옳고 그름을 판단하는
'정의의 칼을 받아라'를 외치고 있습니다.

내가 믿고 있는 신이 위대하다고
내가 믿고 있는 신이 기도빨이 더 좋다고
내가 믿고 있는 신이 최고이며
그런 신을 믿고 있는 나 역시 최고라고
하루도 쉬지 않고
자신이 믿고 있는 신들과 하늘에 대한
매트릭스를 강화시키는 것이
믿음의 본질이라는 대단한 착각 속에서
인류는 신의 노예가 되었으며
제도화되고 인격화된
인간 스스로 창조한
종교의 매트릭스에 갇혀 있는
종교의 노예가 된 지 오래 되었습니다.
하늘은
인간의 선과 악을 심판하기 위해
존재하지 않습니다.

하늘은
천당과 지옥을 만들어 놓지 않았으며
천당과 지옥은 인간 스스로 만들어 낸
존재하지 않는 유령입니다.

하늘은
인간 세상에서 일어나고 있는
모든 것들을 허용하였으며
모든 영혼들이 물질 체험을 통해
영혼의 진화를 이룰 수 있도록
가이아 지구에
물질 매트릭스를 강하게 설치하여
우주학교를 운영하고 있었으며
호모 사피엔스의 창조를 통한
실험행성으로서
지구를 관리하고 운영하고 있습니다.

하늘은
행성의 특성에 맞게
행성이 개설된 목적에 맞게
행성에 물질 매트릭스를 설치하고
영혼들의 나이를 고려하여
우주 곳곳에서 영혼들을 이주시켜
영혼의 독립성과 개체성에 맞는
물질 체험을 위한 삶의 프로그램들을
정교하게 기획하여
모나노 시스템에 접속하여
삶이 펼쳐지도록 하였으며
우주의 카르마를 도입하였으며
극적인 삶의 드라마들이 펼쳐질 수 있도록
극적인 물질 체험들을 통해
영혼들이 진화할 수 있도록
우주 최고의 공학 시스템들을 통해
물질 매트릭스를 관리하는 주체이며

물질 매트릭스를 주관하는 주관자가
바로 하늘의 실체입니다.
하늘은
인격성을 갖고 있지 않습니다.
천상정부의 모든 천사님들은
몸이 없는 에너지체로 존재합니다.
정교한 시스템 속에서
프로그램된 대로
영에 부여된 사고조절자의 프로그램대로
삶이 펼쳐질 수 있도록
물질 매트릭스가 잘 작동될 수 있도록
매트릭스를 유지하고
매트릭스를 관리하고
매트릭스를 리셋하고
매트릭스를 매트릭스답게 운영하는
주관자가 바로 하늘의 실체입니다.

하늘의 실체 : 프로그램 운영자

혼에 설치되는
빛, 중간, 어둠의 매트릭스가 하드웨어라면
7개의 오라 에너지 막에 설치되는
프로그램은 소프트웨어에 해당됩니다.

하늘은 다양한 프로그램을 운영하고 있습니다.
인간의 삶을 무대 뒤에서 지켜보고 있으며
삶은 매 순간순간 조율되고 있으며
보이지 않는 하늘에 의해 치밀하게 관리되고 있습니다.

7차원의 메타 의식구현 시스템과
9차원의 모나노 시스템과
11차원의 판드로닉스✦와 같은
우주공학 시스템들에 의해
한 인간에서 한 행성에 이르기까지
항성이나 은하까지도
정교한 우주공학 기술 속에서
전체의식 속에서 관리되고 조율되고 있습니다.
이것이 보이지 않는 하늘의 실체이며
인간의 두려움과 부정성에서
창조된 신과 하늘과는 거리가 먼 것입니다.

인간이 정의한 신과 하늘은
부정성이 전혀 없는 존재
전지전능한 존재로 인식하고 있습니다.

> **판드로닉스 시스템**
> 7차원과 9차원의 정보를 관리하고 통제하는 11차원 우주 공학 시스템.
> 지구가 속한 네바돈 은하의 3,600개의 행성과 항성을 전체적으로 통제하고 관리하는 시스템

오염되고 왜곡된 신일수록
인간의 행동을 옳고 그름으로 심판하고
잘못했을 경우에는 벌을 주는 존재로서
죽어서는 천당과 지옥을 운영하는 주체로서
신을 인지하고 있으며
하늘을 이렇게 받아들이고 있는 것이
인류의 현재의식입니다.
이런 것들은 인류의 제한된 의식의 한계에서 나온
오염된 것들이며 신과 하늘이 갖고 있는 본질에서
벗어난 것들입니다.

하늘은 거대한 시스템에 의해
관리되고 있으며 운영되고 있습니다.
인격화된 신이 아니라
인격화된 하늘이 아니라
하늘은
거대한 우주공학 시스템을 운영하는 운영 주체이며
인간이 개체성을 가진 독립적인 존재로서
기능할 수 있도록 하는 프로그램이 있는데
그것을
메타 휴머노이드 의식구현 시스템이라고 합니다.

하늘은
차원별로 다양한 우주공학 컴퓨터가 설치되어 있으며
빛의 생명나무에서조차 알려지지 않은
다양한 프로그램들을 조율하고 있는 시스템들이
헤아릴 수조차 없을 만큼 다양하게 존재하며
수많은 행성들을 관리하고 있으며
수많은 항성들을 관리하고 있으며

은하를 관리하는 프로그램도 있으며
지구가 속해 있는 천상정부의 이름이 바로
우주연합 함선인 예루살렘호입니다.

예루살렘호는 지구가 속해 있는 천상정부이며
7차원에 존재합니다.
이곳의 최고 책임자는 바로
우리가 알고 있는 예수님의 아바타가 맡고 있으며
예수님의 본영은 17차원에 존재하고 계십니다.

하늘은 인격성을 가진 존재들에 의해
관리되지 않으며
비인격적이며 에너지체로 존재하는
전문 행정가 그룹의 천사님들에 의해
효율적으로 관리되고 운영되고 있는
프로그래밍된 세계입니다.
하늘은 정교한 프로그램에 의해
모든 의식을 가진 생명체들의 영혼의 여행을
주관하고 있으며
관리하고 있으며
전체의식 속에서 한 치의 오차도 없이
운영되고 있는 거대한 에너지입니다.

하늘은
프로그램 설치를 위한
하드웨어를 설치하는 역할을 맡고 있으며
프로그램을 설치하고 운영하는
프로그램 운영자이며
프로그램을 운영함에 있어

한 치의 오류 없이 관리하고 있으며
프로그램을 지속적으로 업데이트하고 있습니다.

하늘은
영혼들의 여행을 위해
새로운 행성들을 지속적으로 창조하고 있으며
새로운 행성에 다양한
아담과 이브 프로젝트를 운영 중에 있으며
새로운 아담과 이브를 위한
메타 휴머노이드 의식구현 시스템들을
지속적으로 업그레이드하고 있으며
새로운 생명체들을 창조하고 대우주에 보급하고
대우주가 성장하고 진화하는데
창조는 멈추지 않고 있으며
의식이 있는 모든 것들을
관리하고 통제하고 조율하기 위한
프로그램의 정기적인 업데이트 시기를
차원상승이라고 합니다.

차원상승이란 바로
프로그램의 업그레이드이며
의식 있는 모든 영혼들의 진화의 과정입니다.
하늘은 이렇게 모든 프로그램의 공급 주체이면서
프로그램 운영자로서 역할이 있습니다.
이것이 바로 대우주에 존재하는
오염되지 않은
하늘의 실체임을
우데카 팀장이
기록을 위해 전합니다.

하늘의 실체 : 차원 관리자

하늘은 친절하지 않습니다.
하늘은 매트릭스를 유지하고
하늘은 매트릭스를 보수하고 관리하는데
많은 공을 들이고 있습니다.
연극을 연극답게 하기 위해
극적인 현실감을 유지하기 위해
최소한의 정보만을 공개하며
모든 영혼들에게 공정하고 공평하게
아무것도 모르는 채
눈에 보이는 것이 전부인 것으로 알고
살아갈 수밖에 없게 하면서
보이지 않는 세계를 숨기고
하늘이 일하는 방식을 철저하게 숨긴 채
우주학교를 진행하고 있습니다.

하늘이 이렇게 행성 주민들에게
아무것도 모르고
우물 안 개구리로 살아갈 수밖에 없도록
지구로 향한 모든 스타게이트를 봉쇄하고 있는데
이들 그룹을 관리자 그룹이라 합니다.

인간의 가면을 쓰고 지구 행성의 물질 매트릭스를
유지하고 관리하는 어둠의 형제✥들을
뒤에서 움직이고 있으며
비물질체인 천사님들이나 귀신 선생님, 용분들

> **어둠의 형제**
> 지구 행성을 어둠(물질)이 짙은 암흑행성으로 만들기 위한 임무와 역할을 수행하는 인자들.
> 지구에서 본인의 역할이 무엇인지 알고 있으며 물질문명을 발전시킨다는 자부심이 있으며 고도의 지능과 함께 보이지 않는 어둠의 정부의 지원을 받으며 물질 매트릭스를 설치하고 강화함

그리고
어둠의 천사들을 배후에서 움직이는 이들 역시
관리자 그룹입니다.

지구가 물질 행성(암흑 행성)으로서
우주학교(물질학교) 역할을
충실히 수행할 수 있도록
물질(어둠)의 매트릭스를
관리하고 주관하는 역할을 담당하는
하늘의 최상층 조직이 관리자 그룹입니다.

관리자 그룹은
물질세계에서는 짝수 층에 존재합니다.
비물질 세계(12차원 이상)에서는
일반 관리자 그룹이 12차원과 14차원에 있으며
창조 근원의 특수 분화인 패밀리그룹들에 의해
비물질세계의 관리자 그룹들을 또 다시 관리하는
홀수 차원의 관리자 그룹들이 존재합니다.

창조 근원의 패밀리그룹의 관리자 그룹들은
17차원과 15차원 그리고 13차원에서
비물질세계의 관리자 그룹들을 다시
통제하고 관리하고 있습니다.
창조근원의 패밀리그룹 중
11차원과 9차원과 7차원과 5차원의 분신들은
물질세계의 차원 관리자이며
이들은 천상정부를 대표하는 분들입니다.
물질세계에 나와 있는
창조근원의 패밀리그룹들이라 할지라도

짝수 차원의 관리자 그룹의 통제 속에서
업무를 수행해야 하는 것이 우주의 법칙입니다.

모든 관리자 그룹들끼리는
상하의 명령체계가 분명한데
물질세상의 군인 조직으로 움직이며
실제로 비물질 세계에 존재하는
창조 근원의 패밀리그룹들은
중무장한 우주함선을 지휘하면서
은하와 항성계들을 관리 감독하고 있습니다.
이것이 하늘의 실체입니다.

하늘이 친절하지 않은 이유는
군인 조직의 성격으로
철저한 정보의 통제 속에서 일하기 때문입니다.
창조주의 대우주 통치를 뒷받침하고
대우주가 질서 있고 조화와 균형 속에서
성장할 수 있도록 안전하게 관리하기 위함입니다.

이들 관리자 그룹들에 의해
은하들은 관리되고 있으며
항성들이 관리되고 있으며
행성들이 관리되고 있으며
한 치의 오차 없이 우주의 전체의식 속에서
창조근원의 대우주의 경영을
뒷받침하는 조직이 관리자 그룹입니다.

물질세계(1차원에서 11차원)는
15단계로 나누어져 있으며

각 차원의 최고 단계에
가장 높은 지위를 가진 분들이 존재합니다.
5차원 이상은 비가시적인 세계이며
관리자 그룹은 짝수 층 15단계에 있으며
비물질 세계인 태극의 세계에서는
14차원 15단계가 가장 높은 관리자 그룹입니다.

16차원부터는 각 차원 관리자들이 있으며
16차원 18단계에서 16차원을 관리합니다.
17차원은 17차원 18단계에서 관리하며
18차원은 18차원 18단계에서 관리합니다.

이것이 하늘의 실체입니다.
인류가 상상도 할 수 없으며
이해할 수도 없었으며
아무에게도 알려지지 않았던 하늘의 실체가
이제는 때가 되어
지구가 대우주의 전체의식 속에
합류할 때가 되었기에
우데카 팀장이 기록을 위해 이 글을 남깁니다.

일반 관리자 그룹과 차원의 관리자

		관리자 그룹의 위치								
		1단계	2단계	3단계	⋯⋯ 13단계	14단계	15단계	16단계	17단계	18단계
비물질세계	18차원									●
	17차원									●
	16차원									●
	15차원							●		
	14차원							○		
	13차원							●		
	12차원							○		
물질세계	11차원							●		
	10차원							○		
	9차원							●		
	8차원							○		
	7차원							●		
	6차원							○		
	5차원							●		
	4차원									
	3차원									
	2차원									
	1차원									

중앙우주 ↕ (비물질세계)
지역우주 ↕ (물질세계)

- 비물질세계의 관리자 그룹(12, 14차원 ○)은 창조근원 패밀리그룹(17, 15, 13차원 ●)의 통제 관리를 받음

- 물질세계에 나와 있는 창조근원 패밀리 그룹(11, 9, 7, 5차원 ●)
  - 물질세계의 차원 관리자
  - 천상정부 대표자
  - 이들 역시 짝수 차원 관리자 그룹(6, 8, 10차원 ○)의 통제 속에서 업무 수행

○ : 일반 관리자 그룹   ● : 창조근원 패밀리 그룹

- 일반 관리자 그룹(○)은 짝수 층에 존재
  - 물질세계(6, 8, 10차원), 비물질세계(12, 14차원)
- 1~15차원(물질세계, 태극 세계)은 15단계로 나누어져 있고, 각 차원 15단계에 최고 책임자 존재
- 태극 세계에서는 14차원 15단계가 최고 관리자 그룹
- 16~18차원(무극 세계)은 18단계로 나누어져 있고, 각 차원 18단계에서 차원 관리자들이 해당 차원을 관리

하늘의 실체 : 대우주의 전체의식

지구 대기권을 벗어나 본 적이 없는 인류에게
지구 대기권을 벗어난 이야기를 하고
하늘의 실체를 이야기하고
우주의 진리를 이야기한다는 것은
낯설음을 넘어 경계와 배척을 지나
무관심의 영역에 해당될 것입니다.

지구 중력에 의해
육신의 몸이 갇혀 있듯이
인류의 상상력은 자신이 경험한 세계를
좀처럼 벗어나지 못하는 것이 인간의 한계입니다.
빈곤한 상상력을 가진 인류에게
의식구현 시스템이 매우 단순한 인류에게
보이는 것이 전부로 알고 살아가고 있는 인류에게
물질의 풍요로움만을 추구하는 인류에게
종교의 매트릭스에 갇혀 있는 인류에게
자신의 경험 속에서만 진리를 찾는 인류에게
하늘의 존재와 하늘의 실체를 전하고
하늘의 진리와 우주의 진리를 전한다는 것이 갖는
삶의 무게를 느낍니다.
이 글은 의식이 깨어난 소수의 인자들과
의식이 깨어나고 있는 빛의 일꾼들과
지축의 정립 후 역장(안전지대) 안에서
교육을 위한 자료로 삼기 위해
기록을 위해 이 글을 남깁니다.

대우주는 너무도 크고 넓습니다.
인간의 상상력으로도 미치지 못하며
그 어떤 말로도 언어로도 표현하기 어렵습니다.
하늘의 실체를 다음과 같이 전합니다.
무극(無極) 세계의 하늘은
16차원과 17차원, 18차원을 말합니다.
태극의 세계를 관리하기 위해 존재하는
세계를 말하며
15대영들과 우주 최고의 관리자 그룹들과
창조주 그룹들만이 존재하는 곳으로
관리자 그룹만이 존재하는 곳입니다.

태극(太極) 세계의 하늘은
비물질 세계의 하늘을 말함이며
12차원에서 15차원 까지를 말합니다.
이 곳은 대영들의 분신들(본영)이 존재하는 곳이며
물질 여행을 하는 영들의 고향이며
본영들과 상위자아 그룹들과
태극의 세계를 관리하는 관리자 그룹이
존재하는 곳입니다.

삼태극(三太極)의 하늘은
1차원에서 11차원까지를 말함이며
물질세계와 물질세계를 관리하는 곳입니다.
천상정부와 상위자아 그룹과
관리자 그룹 모두가 존재하는 곳이며
세 그룹이 모두 모여 있는 곳은
대형 우주함선입니다.
이곳에서 행성이나 항성들을 관리하고 있으며

인류가 인식의 범위에서 알고 있는
하늘의 실체에 가장 가까운 곳입니다.

상위자아 그룹과 관리자 그룹, 천상정부
이 3주체가 모여 물질세계를 관리하고 있습니다.
이렇게 하늘은 구성되어 있으며
이것이 하늘의 실체입니다.
하늘은
창조근원에 의해
처음부터 이렇게 펼쳐졌습니다.
인류의 눈높이에서 인식하던
복을 주고 인간의 선과 악을 심판하는 하늘과는
아무런 관련이 없다는 것을
우데카 팀장이 전합니다.

하늘은 스스로 정한 법칙에 의해
운영되고 순행되고 있습니다.
그것을 표현하는 용어가 전체의식이며
전체의식은 차원이 높아질수록 확대되며
더 많은 것을 공유할 수 있습니다.

삼태극의 하늘의 전체의식과
태극세계의 전체의식은 비교조차 할 수 없으며
무극세계의 전체의식이 바로
대우주의 전체의식이라고 할 수 있습니다.

무극과 태극과 삼태극의 하늘의 전체의식은
서로 연결되어 있으며
서로의 의식을 공유하기 때문에

분쟁이나 갈등이 존재하지 않으며
자기 차원의 전체의식 속에 살면서
더 큰 전체의식으로 합류하는 것이
영혼의 진화 과정입니다.

대우주의 전체의식 속에
비물질세계와 물질세계의 분리가 있으며
이 분리가 있기에
영혼이 물질 체험을 할 수가 있는 것이며
물질 체험을 한다는 것은
대우주의 전체의식 속에서 잠시 벗어나
전체의식의 소중함을 배우기 위해
여행을 떠난 것으로 비유할 수 있습니다.

대우주의 전체의식을 움직이는 힘은
창조주의 사랑이며
창조주의 빛이며
창조주의 숨결이며
대우주의 법칙 속에서
창조주들❖ 역시 존재하는 것입니다.

대우주의 법칙을
사랑과 자비와 연민의 에너지라고 말합니다.
대우주의 법칙을 절대공평무사라고 합니다.
대우주의 법칙을 전체의식이라고 말합니다.
대우주의 법칙은 창조주의 사랑이라고
우데카 팀장이 전합니다.

창조주들
18차원 1단계부터 18차원 18단계에 존재하는 창조주 그룹

4부
수행과 기도의 시대를 마감하며

인간이 창조한 것 중에
백년이 가도 천년이 가도 유일하게 변하지 않는 것이 있는데
그것이 바로 종교입니다
인간이 창조한 물질 매트릭스 최고 정점에
가장 완고하게 변질된 것이 있는데 그것이 바로
종교의 매트릭스에 갇혀 버린 신에 대한 관념들입니다

거짓 선지자들의 시대가 열리다

하늘의 소리를 듣는 인자들 중에
채널의 허망함을 알지 못하는 인자들 중에
자신의 내면에서 들리고 보이는 세계만을 믿고
보이지 않는 세계의 함정에 빠지는
사람들이 많이 있을 것입니다.

보이지 않는 세계에 대한 현재 인류의 수준은
유치원 수준도 못 되는
젖먹이 아이의 수준밖에 되지 못합니다.
보이지 않는 세계에 대한 체계적인 지식 없이
내가 듣고 있고
내가 보고 있는 세계를
이해하고 해석한다는 것은
오류가 날 수밖에 없는 것입니다.

그것도 모르는 채
아무것도 모르는 채
보이지 않는 세계를 인간의 짧은 지식으로
하늘에서 보여주고
하늘에서 들려주는
소리와 형상을 이해한다는 것은 불가능합니다.

나는 이렇게 들었고
나는 이렇게 보았다는
여시아문*의 세계는

여시아문(如是我聞)
'나는 이와 같이 들었다'는 뜻으로 주로 불교경전의 첫머리에 나오는 말.
하늘이 내려준 채널과 홀로그램 형상의 세계를 의미하며, 이것을 보고 들은 대로 믿는다는 의미로도 쓰임

이렇게 들려주고
이렇게 보여주는
보이지 않는 세계(하늘)의 의도를
분별하고 이해하지 못한다면
얼마나 위험한 세계인지
인류는 수많은 시행착오를 거칠 것입니다.
몸에 배어 있는 자만과 교만의 에고의 껍질을
피눈물나는 고통을 겪은 후에야
인류는 깨고 나오게 될 것입니다.

하늘에서 준비하고 계획한 일꾼들인
유능하고 노련한 거짓 선지자✤들을 통한
분별력 시험들을 통과한 후에야
자신의 모든 것을 잃고 나서야
자신의 모든 것을 내려놓은 인자들만이
하늘의 비밀을
대우주의 비밀을 알게 될 것입니다.

보이지 않는 세계가 있다는 것을 보여주고
보이지 않는 세계의 다양한 스펙트럼을
다양한 인자들을 통해
다양한 거짓 선지자들을 통해
현란하고 화려한 능력을 가진 인자들을 통해
아무것도 모르고 천진난만한
어린 아이들의 눈과 귀를 통해
평범한 옆집 아줌마와 옆집 아저씨들을 통해
의식이 깨어나지 않는 인류들을
천둥처럼
번개처럼

> **거짓 선지자(-先知者)**
> 하늘에서 보여주고 들려주는 대로 그것이 참인지 거짓인지도 모르는 채 대중들에게 보이지 않는 세계를 이야기하는 사람들

흔들어 깨울 것입니다.

나는 창조주라고
나는 예수라고
나는 석가모니라고
나는 옥황상제라고
외치는 거짓 선지자들이 등장할 것입니다.
아무것도 모르는 무지한 채로
들려주고 보여주는 것만 믿은 채
스스로 속는지도 모르고
스스로를 속여 가며
거짓 선지자의 역할을 하는
어둠의 역할을 하는 인자들이 있을 것입니다.

지금도 교회의 십자가보다
더 많은 점집의 깃발들이 있습니다.
영적인 아마겟돈*이 시작되면
점집의 깃발보다도 더 많은 영성 단체들이
거짓 선지자들이
보이지 않는 세계를 이야기하며
우후죽순처럼 생겨나게 될 것입니다.

온전한 빛이 세상에 드러나기 전
수많은 거짓 선지자들이
무지한 대중들의 의식을 깨우는 동시에
대중들을 미혹에 빠뜨릴 것입니다.
그들의 권세는 향기 없는 꽃과도 같아서
그리 오래가지 못할 것입니다.

아마겟돈
빛과 어둠의 영적 전쟁.
기독교 성경에서는 하느님과
사탄의 마지막 전쟁의 장소를
지칭하는 말로 사용됨

한 번도 겪어 보지 못한 자연의 재난과 함께
한 치 앞도 보이지 않는 현실 앞에서
인류는
하늘을 원망하고
하늘을 향해 분노하고 절망하면서도
두려움과 공포를 해결하기 위해
아는 소리를 하는 사람들을 찾을 것이며
무속인이나 특수한 능력을 가진
거짓 선지자들을 찾게 될 것입니다.
하늘의 소리를 찾아
진리의 소리를 찾아
진실을 알기 위해
사방팔방으로 찾아 헤매게 될 것입니다.

경제적 상황이 어려워짐에 따라
물질적 풍요가 줄어들고 축소됨에 따라
물질의 풍요가 주는 허망함을 깨달은
의식이 깨어난 인자들과
하늘의 소리를 듣고
하늘이 보여주는 형상을 보고
내면에서 들려오는 생각들을 쫓아가고
꿈속에서 보고 들은
잊혀지지 않는 형상이나 소리에 의문을 품고
빛을 찾아 진리를 찾아
이곳저곳을 방황하게 될 것입니다.

이때를 위해
알곡과 쭉정이를 가려내기 위해
참과 거짓을 분별하기 위해

하늘 법에 공짜의 법칙이 없다는 것을
인류가 배워야 하기에!!
충족되지 못하고 남아 있는
인간의 권력과 명예와 재물을 탐하는
에고에 갇혀 있는 인자들에게
하늘은 거짓 선지자의 역할을 맡길 것이며
그들과 에너지적으로 끌리는
동기감응하는 인자들끼리 분류할 것입니다.
하늘은
의식이 깨어나지 못한 인류들을 위해
거짓 선지자들을 보내
알곡과 쭉정이로 분류하는
생과 사가 결정되는
영적인 아마겟돈을 시작할 것입니다.
영적인 전쟁
아마겟돈이 시작되었습니다.
보이지 않는 세계에 대한 철학적인 이해 없이
보이지 않는 세계에 대한 분별력 없이
하늘이 보여주는 대로
하늘이 들려주는 대로 믿고 따르는
영적으로 잠들어 있는 인류의 의식을 깨우기 위해
고통 속에
혼돈과 혼란 속에
아픔 속에
하늘의 완전한 통제 속에 펼쳐지는
영적인 전쟁이 시작되었습니다.

보여주는 대로
들려주는 대로

하늘의 뜻을 알지 못한 채
자신이 하늘이라고 자칭하는
수많은 거짓 선지자들이 출현할 것입니다.
인류의 건승을 빕니다.

기록을 위해
우데카 팀장이
이 글을 남깁니다.

지구 행성에 설치된 종교 매트릭스 분석

영혼마다 나이가 다릅니다.
영혼마다 생각의 차이가 나타납니다.
영혼마다 의식의 수준이 다릅니다.
영혼마다 진화의 여정이 다 다릅니다.
영혼의 진화 과정에 맞추어
이번 생애에 배워야 할 인생 프로그램에 따라
자신의 카르마와 인연법들에 맞추어
성격(personality)의 큰 틀이
보이지 않는 하늘에서 조율되어
인간은 육신을 입고 태어나게 됩니다.

의식의 층위는
사람마다 다양하게 나타납니다.
영혼들마다 진화 과정이 다 다르고
물질학교에서 배워야 하는 공부의 내용이
다를 수밖에 없습니다.
영혼들의 물질 체험을 위하여
물질학교(우주학교)를 운영하는 하늘의 입장에서는
유아원에 맞는 프로그램(도덕)에서부터
초등학생용 프로그램(지식)도 필요하며
중학생용 프로그램(사상)도 필요하며
고등학생용 프로그램(철학)도 필요하며
대학생용 프로그램(과학)도 필요하며
대학원생용 프로그램(종교)도 필요하며
성인을 위한 프로그램(영성)도 필요하기 때문에

다양하고 세밀하게 매트릭스들을
다양한 문화나 다양한 문명으로
하늘은 펼쳐 놓았습니다.

모든 영혼들에게는
물질여행의 목적에 맞는 이수 과목들이
촘촘하게 설계되어 있습니다.
문화나 문명의 최고 정점에는
정치와 종교가 있습니다.
하늘의 입장에서는
물질여행에 참여하고 있는 영혼들에게
다양한 이수 과목들이 부여되었으며
영혼의 층위가 다양하게 존재하기 때문에
정신(마음)의 중요성을 공부하기 위해
모든 기억을 지운 채
우주적 계급장을 떼고
온갖 봉인들을 설정해 놓고
물질의 매트릭스(장애물)들이 강하게 설치된
지뢰밭을 통과하는 과정이
육화된 모든 영혼들에게 주어진 숙명입니다.

자신의 영혼의 나이에 맞게
자신의 영혼의 육화 프로그램에
최적화된 난이도를 가지고 여러분들은
이곳 지구 행성에 250만 년 전에 오셨습니다.
너무나 아름다운 행성에
물질의 매트릭스가 촘촘하게 설치된 행성에
물질의 소유가 최고의 가치인
암흑 행성(물질 행성)에 공부하러 온

용기 있는 학생들입니다.
우주에서 모집 공고를 보고 자원해서 온
공부 잘하는 우수한 학생들입니다.

물질적 풍요가 가득찬 행성에서
보이는 것이 전부로 알고 있는 행성에서
온갖 장애물들을 극복하며
보이지 않는 하늘(우주)의 진리를 찾아가는 여정이
당신의 영혼이 이곳 지구 행성에 태어난 이유입니다.
자신의 영혼의 진화 과정에 맞추어
하늘이 설치한 다양한 장애물들을 극복하고
참나의 근원을 찾아가는 과정입니다.

모든 종교의 최종 목적지는
진리를 찾는데 있습니다.
지구상에 펼쳐진 모든 사상과 철학들이
존재하는 이유는
우주의 법칙과 우주의 진리를 찾아가기 위함입니다.
하늘은 인류들을 위해
유치원생에서부터 성인에 이르기까지
모든 영혼들의 배움을 위해
보이지 않는 세계를 다양하게
영혼들의 눈높이에 맞추어
종교의 매트릭스를 물질계에 펼쳐 놓았습니다.

하늘이 설치한 종교 매트릭스의 유형을
다음과 같이 우데카 팀장이 전합니다.

오직 감사와 축제를 즐기고 배우기 위한

가장 낮은 단계의 종교 매트릭스들이
하늘에 의해 설치되어
특정 지역에서 운영되고 있습니다.

도덕과 양심을 중요시하며
소규모 집단이나 소규모 사회구조에 맞는
낮은 단계의 종교 매트릭스를
하늘이 설치하여 운영하고 있습니다.

신과 하늘이 존재하는 이유가
내 기도를 들어주고
내 가족의 건강을 지켜주고
내 가족의 행복을 위해 존재한다는
의식에서 벗어나지 못한 인자들을 위해
하늘에서 준비한 기복 신앙✦인들을 위한
다양한 층위의 종교 매트릭스가
성황리에 운영되고 있습니다.
이곳은 복을 받기 위해
인산인해를 이루고 있으며
문전성시를 이루고 있으며
기복 신앙의 기도를 하는 사람들의
의식의 눈높이에 맞게 촘촘한 그물망처럼
다양한 종교 매트릭스를 설치하여
운영하고 있습니다.
아무도 모르게
아무도 모르게
하늘의 지원과 관리 속에 있으며
기도를 통해 복을 받으려는 대중들에게
가장 인기 있는 종교 매트릭스입니다.

기복 신앙(祈福信仰)
신앙 대상이 되는 존재의 뜻을 추구하기보다는 자신의 소원성취와 입신양명, 무병장수, 자손 번영등을 최고의 목적으로 삼는 초보적이고 현세적인 신앙 형태

불합리한 사회와 부조리한 사회를 개혁하기 위한
이론적 토대를 제공하고 사회정의를 강조하는
비결서✤나 예언서를 바탕으로 한
종교의 매트릭스 역시
시대 상황에 맞게
시절 인연에 맞게
하늘이 설치하여 운영하고 있습니다.

비결서(秘訣書)
누구나 보고 쉽게 알지 못하도록 일부러 그 의미를 숨겨서 전하는 예언서

귀신 선생님을 통한
귀신 체험을 통해
다양한 귀신들을 통해
보이지 않는 세계에 첫 입문을 공부하는 과정 또한
하늘에 의해 개설되어 있으며
인류의 눈높이에서 관리되고 있습니다.

어둠의 역할(사탄)을 맡고 있는
천사님들을 체험하며
빛의 역할을 하고 있는 천사님들을
다양하게 체험하고 경험하면서
옳고 그름을 뛰어넘어야 하고
빛과 어둠의 이원성✤을 극복하는
가장 난이도가 높은 종교 매트릭스가
하늘에 의해 개설되어 있습니다.
하늘의 완전한 통제 속에
하늘의 치밀한 교육 과정 속에
인류들은 빛과 어둠의 이원성을 가장 극적으로
공부(체험)하고 있는 중입니다.

빛과 어둠의 이원성
빛 속에서 어둠을 체험하고 어둠 속에서 빛을 체험하는 방식으로 이원성을 통해 빛과 어둠의 특성을 더욱 강렬하게 체험하며 빛과 어둠은 분리될 수도 없고 본질적으로 하나라는 것을 배워가는 과정

수행과 기도를 통해

보이지 않는 세계의 진리의 문으로
입문하는 인자들을 위해
가짜 도사가 되는 과정이 설치되어 있으며
진짜 대사(진인)가 되어
참나를 찾아가는 프로그램이
하늘에 의해 설치 운영되고 있습니다.

인문학에 대한 깊은 이해 없이
우주에 대한 깊은 이해 없이
인간에 대한 깊은 이해와 사랑 없이
뜨거운 가슴만을 가진 채
자기만족을 위해
깨달음을 얻어 인류 사회를 이롭게 하겠다는
생각을 하는 인자들을 위해
시대별로 역사적 격변기에
사명자 프로그램과 거짓 선지자 프로그램을
하늘에서 운영하고 있습니다.

기존 종교에 실망하고 절망한 사람들이
모여 공부하는 이들을 영성인이라고 하는데
이들을 위해 준비한 하늘의 커리큘럼이 있으며
이것을 여시아문의 세계라고 합니다.
뻥카(거짓) 채널과 뻥카 영상을 보여주며
수행자들의 자만과 교만을 부추기고
참과 거짓을 분별하는 시험을 통해
하늘의 좁은문을 열어야 하는
난이도 높은 프로그램이 운영되고 있습니다.

지구 행성은 우주에서

가장 아름다운 행성 중 하나입니다.
그만큼 물질의 유혹이 강한 곳이며
다른 물질학교(우주학교)에 비해
난이도가 12배 정도 높은 행성입니다.
학생들의 눈높이에 맞는
다양한 층위의 종교 매트릭스가 설치되어
운영되고 있습니다.
유치원생이 미분 적분을 풀 수가 없는 것처럼
수학 문제의 난이도처럼
영혼의 나이에 맞는
영혼의 진화 과정에 꼭 맞는
영혼의 의식 수준의 눈높이에 맞추어
다양한 종교의 다양한 매트릭스가
의식의 층위별로 촘촘하게
지구 행성에 설치되어 있습니다.

물질학교를 운영하는 운영 주체는 하늘입니다.
자신의 눈높이에 맞는 수학 문제가 있듯
자신의 의식의 눈높이에 맞는
종교를 경험하면서 인류들은
창조주께서 펼쳐 놓으신 사랑을 경험하고
진리를 찾아가고 있는 중입니다.
대우주의 진리는 너무나 크고 광활하여
언어나 문자로 표현할 수가 없으며
어떤 하나의 종교 매트릭스에
다 담을 수가 없습니다.
인류의 눈높이에 맞추어
영혼의 나이에 맞추어
모든 종교 매트릭스 속에

대우주의 진리와 사랑이 모두 들어갈 수 있도록
교육과정이 설치되어 있습니다.

종교 매트릭스의 설치는
하늘의 중요한 업무 중의 하나이며
물질학교의 특성과 물질학교의 난이도를
결정하는 중요한 인자입니다.
영혼들의 배움을 위해
영혼들의 영적 진화를 위해
하늘이 설치한 종교 매트릭스는
지구 행성의 인류에겐
하늘의 선물이며 하늘의 축복입니다.

종교 매트릭스를 설치한 것은 하늘입니다.
옳고 그름은 자기 의식의 눈높이에서
결정되는 판단일 뿐입니다.
모든 종교 하나하나에
인류를 위한
영혼들을 위한
자녀들을 위한
창조주의 사랑과 배려가 있습니다.

대우주의 사랑과
대우주의 전체의식에서 잠시 벗어나
여러분들은 배움을 즐기고 있는
영혼의 여행자들입니다.
여러분들은 너무나 아름다운 지구 행성에서
물질체험을 마음껏 즐기고 있는 중입니다.
여러분들은

자신의 우주적 신분을 잠시 잊은 채
자신의 능력들을 봉인한 채
자신이 어디에서 왔다가
자신이 어디로 가는지도 모르는 채
지구 행성에서 공부중인 학생입니다.
이 축제의 공부 과정을 이수하고 나면
여러분들은 이 우주에서
용기 있는 위대한 영혼임을
기억하시게 될 것입니다.
그날이 얼마 남지 않았습니다.
축제를 마음껏 즐기시길 바랍니다.

여러분들의 건승을 빕니다.

하늘이 당신에게 친절한 이유

귀신분들을 통하여
천사님들을 통하여
천상의 존재들과의 만남을 통하여
하늘을 상대해 본 사람이라면
하늘의 보이지 않는 존재들을 만난
경험이 있는 사람이라면
하늘이 얼마나 사랑으로 가득차 있는지
하늘이 얼마나 친절한지
하늘이 얼마나 냉정한지
하늘이 얼마나 무서운지
하늘이 얼마나 얄미운지
하늘의 양면성을 느끼고
황당하고 당황한 적이 있었을 것입니다.

보이지 않는 세계를 경험하고
보이지 않는 세계에 접속할 수 있는
능력과 권한이 주어진다는 것은
어린 아이가 맹수들 곁을 지나가는 것만큼
위험한 것이라는 것을
시간이 흐른 뒤
많은 아픔과 시행착오를 거친 뒤에야 알게 될 것입니다.
수행을 하는 도중에
기도를 하는 도중에
제사를 지내는 중에
마음과 정신을 집중하고 있는 중에

주문 수행 중에
찬송가나 찬불가를 부르는 중에
보이지 않는 세계에서 들려주는
소리나 형상을 듣게 되면
대부분의 사람들은 기뻐할 것입니다.

나의 정성과 기도를 하늘이 들어준 것 같고
나의 노력을 하늘이 알아준 것 같고
나의 간절한 마음을 하늘이 알아준 것 같아
기뻐한 경험들이 있을 것입니다.
수행과 기도 중에 인류를 향한 나의 따뜻한 마음이
내 가족을 향한 나의 헌신적인 마음을
하늘이 잘 아시고
이제서야 나의 간절한 기도를 들어주셨다고
생각한 적이 있을 것입니다.

하늘은 나의 기도를 잊지 않았고
하늘을 향한 나의 온전한 믿음의 결과로
방언❖이 터지고
하늘을 방문하고
천사님들을 만나 하늘의 소리를 들었다고
가슴 뿌듯한 경험들을 하신 분들과
가슴 뿌듯한 경험들을
지금 하고 계신 분들 또한 있을 것입니다.

수행과 기도 중에
신비한 체험을 한번 하게 되면
수행과 기도를 벗어날 수 없게 되며
오직 수행과 기도만이 깨달음에 이르는

> 방언(方言)
> 성령에 의해 본인은 그 내용을 잘 모르는 채로 말하여지는 신령한 언어라는 뜻의 기독교 용어

유일한 길이라고 스스로 생각 속에
스스로 만든 관념 속에서 벗어나지 못해
평생을 기도와 수행의 길을 벗어나지 못한 채
살아가고 있는 수행자들이 넘쳐나고 있습니다.

수행과 기도를 통한
보이지 않는 세계에 대한 신비체험을
경험해 본 사람은 이 세상의 어떤 중독보다
강력하게 그의 삶에 영향을 주고 있습니다.
하늘이 보이지 않는 세계를
보여주고 들려주는 이유와 그 실상을 알고 나면
인류들은 분노하고 절망할 것입니다.

하늘이 우연을 가장하여
수행과 기도 중에 신비체험을 하게 하고
어떤 특별한 능력을 주기도 합니다.
꿈속에서 미래를 보게 되고
식물과 동물들과도 대화를 하게 되고
하늘의 소리를 듣게 되기도 하며
보이지 않는 세계의 빛을 보기도 하고
사람을 치유할 수 있는 능력이 생기기도 하며
귀신을 보기도 하고
천사들을 보기도 하고
하늘과의 소통이 자유롭게 되기도 합니다.

하늘이 수행과 기도 중에 있는 인자들을
절묘한 타이밍에 방문하여
신비체험을 하게 해주고
특별한 능력들을 주는 이유를

우데카 팀장이 시절인연에 따라
친절하게 알려드리고자 합니다.

하늘이 나에게 친절하게
보이지 않는 세계들을 보여주고 들려주는 데는
반드시 그만한 이유가 있습니다.
아름답고 순수하며 백치미가 흐르는
꽃뱀 여성이 조심스럽게 정성을 다해
물질의 풍요 속에 살고 있는
욕망과 성욕으로 가득찬 남성들을 유혹하는
그 마음보다 더 치밀하게
준비하고 계획하여 우연을 가장하고
수행과 기도 중에 있는 인자들의 에고를
만족시켜줄 수 있는 절묘한 타이밍에 맞추어
당신에게 은밀하게 접근하고 있는 것입니다.

아무것도 모르는 채
수행과 기도 중에 있는 사람들과
깨달음을 향한 욕망이 있는 사람들과
깨달음을 얻어 세상을 구하겠다는
야심을 가진 사람들과
보이지 않는 세계를 통한 영혼의 공부 과정에 있는
노란빛 영혼들에게
우연을 가장하여 에고를 만족시키는 순간에
꽃뱀 여성에게 온 몸이 감기듯
하늘의 덫에
하늘의 유혹에 걸려든 것입니다.

하늘은 결코 친절하지 않습니다.

무심한 하늘이
냉정한 하늘이
나에게 친절하게
보이지 않는 하늘의 소리를 들려주고
보이지 않는 세계의 형상을 보여주고
나에게만 특별한 능력을 주고
나에게 하늘의 선물과 하늘의 보살핌을
주는 데에는 반드시 그 이유가 있습니다.

하늘이 나에게 친절하게 능력을 주고
나에게 신비체험을 통해 의도적으로
계획적으로 접근한 이유를
눈치채거나 알아챌 때쯤이면
내 삶은 이미 다 망가진 뒤이며
브레이크 없는 자동차와 같이
자만과 교만을 휘날리며
타인들을 무시하고
타인들을 심판하고 있는 중일 것입니다.

하늘이 나에게 친절하게 대하는 이유를
대부분의 사람들은 알지 못합니다.
내 기도를 하늘이 들어준 것이라 믿고
수행을 통해 당당하게 얻은
하늘의 선물이라 믿게 됩니다.
내 정성과 간절한 기도가 하늘에 통하여
나는 특별한 사람이 되었으며
나는 위대한 사람이라는
대단한 착각 속에서
자만과 교만의 꽃을 피우게 됩니다.

거짓 선지자로 거짓 사명자로
가짜 도사로 양성되고 훈련되어
어둠의 매트릭스를 풍부하게 하는 사람으로
다양한 종교 매트릭스를 설치하기 위한
역할자로서 자신도 모르게 준비되고 있으며
하늘에 의해
훈련되고 있으며 양성되고 있습니다.
하늘은 인류에게 친절하지 않습니다.
이것이 하늘이 일하는 방식입니다.
그런 하늘이 나에게 친절하게 대하고 있다면
당신이 할 수 있는 일은 아무것도 없습니다.
하늘이 지금 이 시기에
당신을 방문한 이유가 반드시 있습니다.

노란빛 영혼들에게는
눈에 보이는 것이 전부가 아니라
눈에는 보이지 않지만
보이지 않는 세계가 있으며
보이지 않는 하늘이 있다는 것을
알려주기 위해 방문한 것입니다.
노란빛 영혼들에게 주로 신비체험들이 주어지며
특수한 능력들이 많이 주어집니다.

영혼들의 공부 과정에 따라서
그 영혼이 경험과 체험을 통해 공부해야 할
내용에 따라서 하늘의 방문이 있습니다.
하늘의 법에는 공짜가 없습니다.
하늘이 당신에게 친절하게 대한다면
그만한 노림수와 꼼수가 준비되어 있다는 것을

알아채고 눈치채시기 바랍니다.

지금 이 글을 읽고 있는 인자들 중에
하늘의 친절한 방문과 접대를 받고 있는
인자들을 위해
하늘을 오랫동안 상대해 본 우데카 팀장이
하늘이 일하는 방식을 조금이라도 먼저
배우고 공부해 온 선배로서
다음과 같이 팁을 드리고자 합니다.

하늘이 당신에게 친절하게 대해줄 때는
그만한 이유가 반드시 있다는 것을 알려 드립니다.
하늘이 당신의 에고를 만족시켜 주기 위해
하늘이 당신에게 두려움을 주기 위해
하늘이 당신의 삶을 망가뜨리기 위해
하늘이 당신을 괴롭히기 위해
당신을 방문하지 않았다는 것입니다.
당신에게 특수한 능력을 주고
당신의 기도를 잘 들어주고
당신에게 보이지 않는 세계를 보여주고
당신에게 보이지 않는 세계를 들려주는 이유는
당신만을 특별히 사랑해서가 아닙니다.
당신을 특별히 미워해서도 아닙니다.
당신에게는 그 체험이 필요하며
당신이 그 체험을 통해
배워야 할 교훈이 있기 때문입니다.
당신이 그 체험을 통해 준비되어져야 하는
하늘의 훈련 과정이 시작된 것이며
당신의 역할이 땅에서 시작된 것입니다.

당신이 운반해야 할 하늘의 정보들이
준비되어 있다는 것을 의미합니다.

하늘은 친절하지 않습니다.
하늘은 당신의 에고를 만족시켜주기 위해
존재하지도 않습니다.
하늘은 당신의 기도를 들어주기 위해서
존재하지도 않습니다.
하늘에서는 허락되지 않은 인자에게는
정보 한 조각도
형상 하나도 줄 수 없는 것이
우주의 법칙입니다.

그런 하늘이 당신에게 유독 친절하게
보이지 않는 세계를 친절하게
보여주고 들려준다는 것이 갖는 삶의 무게를
이 글을 읽고 있는 당신은
알아채고 눈치채셔야 합니다.
당신의 삶의 무게를 생각하면
우데카 팀장은 마음이 저려 옵니다.
그러나 이 우주에선
아무것도 잘못되는 것은 없습니다.

모두가 배움을 위한 체험이며 과정이며
축복의 시간이라는 것을
머지않아 인류가 알게 될 것입니다.
당신들의 건승을 기원합니다.

하늘이 당신에게 친절하지 않은 이유

하늘은 친절하지 않습니다
하늘은 특정 인종에게 친절하지 않습니다.
하늘은 특정 민족에게도 친절하지 않습니다.
하늘은 어느 누구에게도 친절하지 않습니다.
하늘은 진실만을 말해 주지도 않으며
하늘은 거짓만을 말해 주지도 않습니다.
하늘은 거짓 속에 진실을 숨겨 놓았으며
하늘은 진실 속에 거짓을 숨겨 놓았습니다.
이것이 하늘이 일하는 방식입니다.

하늘은 친절하지 않습니다.
인류 각자의 의식 수준에서 하늘을 이해하고
하늘을 해석하고 하늘을 찬양하고 하늘을 우상화하고
하늘을 두려워하고 하늘을 원망하고
하늘의 뜻을 자기 의식 수준에서 왜곡할지라도
무심히 바라보고만 있을 뿐
당신이 틀렸다고
당신이 잘못했다고 알려 주지도 않습니다.
당신이 자유의지로 선택한 어떠한 것에 대해서도
지켜보기만 할 뿐
어떠한 옳고 그름의 판단을 하지 않습니다.
하늘이 당신에게
당신의 진짜 문제가 무엇인지
당신이 무엇이 잘못되었는지
당신이 무엇을 잘하고 있는지

친절하게 알려줄 거라 기대하지 마십시오.

하늘은 친절하지 않습니다.
하늘은 인류의 눈높이에 맞추어 일하지 않습니다.
하늘은
육신을 가지고 있는, 불안정한 감정을 가진
불완전한 인간의 맹세와 기도를 믿지도 않으며
큰 의미를 두지도 않습니다.
하늘은 인간의 에고를 만족시켜 주면서
하늘일을 결코 진행하지 않습니다.

하늘은 친절하지 않습니다.
하늘은 하늘 스스로 정해 놓은 길을 갈 뿐입니다.
행성마다 진화 과정의 로드맵이 존재합니다.
영혼마다 영혼의 진화 과정이 존재합니다.
하늘은 굳이 모든 사람이
하늘의 진리를 알기를 바라지도 않습니다.
하늘이 물질행성을 운영하는 물질 매트릭스의 비밀들을
인류 모두가 아는 것을 바라지도 않습니다.
꼭 알아야 하는 인자들에게만
그 과정을 이해하고
받아들일 수 있는 인자들만 알게 하는 것이
하늘이 일하는 방식입니다.
아무도 모르게 아무도 모르게
하늘법에 인연이 있는 인자에게만
하늘의 좁은문을 허용할 뿐입니다.
하늘은 누구에게나 친절하지 않습니다.

하늘은 결코 인류에게 친절하지 않습니다.

우주의 물질학교가 개설된 다차원 행성✢에서
종교 매트릭스를 유지하고 있습니다.
물질을 체험하고 있는 영혼의 공부를 위해서
하늘의 진실과 진리는
그때가 되기 전에는
아무에게도 공개할 수 없기 때문입니다.
인류들이 알고 있는 진실과 진리들은
인류의 의식의 눈높이에서 늘 결정되어집니다.
행성의 물질문명의 발전 정도와
정신문명의 발전 속도는 서로 연결되어 있습니다.

역사마다 그 역사에 맞는 일들이 펼쳐지고
전개되는 것입니다.
시대마다 그 시대에 맞는 시대정신이 있습니다.
인류의 역사는 인류 혼자만의 역사가 아닙니다.
인류의 역사는
하늘과 인류가 공동으로 창조한 역사입니다.
하늘은 당신에게
하늘은 인류에게
이것이 진리이며 이것이 진실이다 라고
굳이 말해 줄 이유가 없으며
굳이 설명해 줄 필요가 없기 때문입니다.

하늘은 당신에게 친절하지 않을 것입니다.
아무것도 모르는 채
지금 무슨 일이 일어나고 있는지도 모르는 채
자신의 경험 속에 갇혀
참 답답하게 살고 있는 당신에게
자신이 믿고 있는 종교적 신념 속에 갇혀

> **다차원 행성**
> 다양한 차원의 의식이 들어와 있는 행성.
> 지구는 다차원 행성으로 17차원의 가이아 의식이 주관하여 1~17차원의 의식과 다양한 종들이 존재함. 행성 의식의 차원이 낮을수록 단일종이나 단일 차원의 의식들로 운영됨

신의 본질을 알지도 못한 채
신과 하늘의 본질을 알려고도 하지 않은 채
대우주의 전체의식에서 벗어나
우상화된 신을
물질화된 신을
박제화된 신을 믿고 있는 당신에게
인간에게 화내고 심판하는 인격신을
창조주라 믿고 고집하는 당신에게
하늘은 친절할 수도 없으며
하늘은 결코 친절할 생각도 없습니다.

백일기도를 하고 삼천배를 하고
화두를 움켜잡고 수행하는 수행자에게
주문 수행을 하고 있는 수행자에게
하늘은 그들의 목이 쉬고
하늘은 그들의 무릎과 허리가 아프고
한평생 수행사와 수도자로 살아갈지라도
하늘은 친절하게 수행자들의 에고를
만족시켜 주는 형태로 결코 방문하지 않을 것입니다.
하늘은 인류에게
자유의지로 모든 것을 경험하고 체험하도록
허용하였으며 어떠한 판단도 하지 않습니다.
하늘은 어떤 심판도 하지 않습니다.
하늘은 어떠한 판단도 심판도 하지 않으면서
4차원의 물질 매트릭스를 관리하고
유지하고 있을 뿐입니다.
하늘이 결코 당신에게 친절하지 않은 이유입니다.

하늘은 결코 친절하지 않습니다.

하늘이 호모 사피엔스를 창조할 때
상상할 수 있는 모든 것을 창조할 수 있게
창조하였기 때문입니다.
하늘이 굳이 당신에게
하늘이 아무것도 모르는 당신에게
자신의 신념 속에 빠져 있는 당신에게
자신의 경험 속에 갇혀 있는 당신에게
혼의식에 갇혀 자신의 정체성을 잃어버린 당신에게
소외되고 방치되고 상처 입은
에고의 부정성으로 가득찬 당신에게
우물 안(육신)에 갇혀
눈에 보이는 것이 전부로 알고 살고 있는 당신에게
스스로 진리를 찾지 않는 당신에게
진리를 찾고자 하는 열정이 없는 당신에게
하늘은 친절할 이유도 없으며
하늘은 결코 친절하지도 않습니다.
이것이 하늘이 일하는 방식이며
하늘이 하늘답게 일하는 방식입니다.

하늘은 친절하지 않을 것입니다.
지축의 정립과 함께 대자연의 격변이 시작될 것입니다.
두려움과 공포 속에 있는 인류에게
하늘은 친절하게 왜 이런 일이 일어나고 있는지
설명하지 않을 것입니다.
붕괴되는 종교와 침몰하는 대륙을 보면서
망연자실해 있는 인류들에게
하늘은 친절하게 알려 주지 않을 것입니다.
하늘은 아무것도 말해주지 않은 채
하늘은 가슴을 닫은 채로

하늘의 일들을 진행할 것입니다.
한 치 앞도 볼 수 없는 현실 앞에서도
하늘은 당신에게 친절하지 않을 것입니다.
인류 스스로 만들어 놓은 하늘이
인류 스스로 우상화한 신들이
인류 스스로 옳다고 믿고 있는 가치들이
얼마나 잘못된 것인가를 알 때까지
하늘은 아무것도 모르는 척
당신에게 정보 한 조각을 주지 않은 채
당신이 모든 것을 잃고
당신이 모든 것을 내려놓고
새로운 의식에 눈뜰 때까지
하늘의 맨얼굴들을 경험하게 될 것입니다.

하늘은 지구 물질문명의 종결 과정에서
9시 뉴스에 친절하게 알려주면서
하늘의 일을 진행하시 않을 것입니다.
하늘은 하늘의 계획대로
떠날 사람 떠나게 할 것이며
남을 사람 남게 할 것이며
알곡과 쭉정이를 고르고 골라
들판에 펼쳐 놓을 것이며
빛의 일꾼들에게는 알곡만을 추수하라는
명령이 하달될 예정입니다.
당신이 하늘이 일하는 방식을 알지 못하는 한
인류들은 하늘의 다음 수를 예측할 수도 없으며
알 수도 없을 것입니다.
신과 하늘에 대한 오염되고 왜곡된
모든 관념들을 모두 내려놓고

새하늘과 새땅에 필요한
새로운 의식의 흐름을 자연스럽게 받아들일 때까지
하늘은 가슴을 닫은 채로
하늘은 시치미를 뚝 떼고
하늘은 아무것도 모르는 사람처럼
당신의 기도를 못 들은 척할 것이며
당신의 통곡 소리를 못 들은 척할 것입니다.
당신의 아픔과 고통 또한 못 본 척할 것입니다.
하늘은 당신에게
하늘은 인류에게
결코 친절하지 않을 것입니다.

당신이 알아채고
당신이 눈치채고
새로운 의식에 눈뜰 때까지
마치 영화 메이즈 러너✢에 나오는
모든 것을 알고 있는 위원회의 모습으로
하늘은 인류에게
하늘은 당신에게 친절하지 않을 것입니다.

하늘에 대한
신에 대한
인류 스스로 창조한 허상 속에서
하루 속히 깨어나길 바랄 뿐입니다.
당신들의 건승을 빕니다.

그렇게 될 것이며
그렇게 예정되어 있으며
그렇게 되었습니다.

메이즈 러너
거대한 미로로 둘러싸인 낯선 공간에 과거의 기억이 삭제된 채로 보내진 소년들의 미로 탈출 과정을 그린 영화. 미로 안에서 일어나는 모든 일들을 위키드라는 위원회가 지켜보며 통제하고 있음

하늘이 준비한 종교 매트릭스의 붕괴

물질문명의 특성은
행성의 환경에 의해 결정됩니다.
행성의 산소 농도와 중력의 세기와
기후와 자연 환경 등에 의해 결정이 됩니다.

동양 문명과 서양 문명이 서로 다른
이유 역시 환경에 따른 것이며
환경에 적응하며 살기 위해
필요한 약속과 규칙들이 생겨나고
하지 말아야 될 것과 해야 할 것들이 정해지며
환경의 조건들에 맞게 자연스럽게
관습법의 형태로 형성되어지는데
이것을 문화라고 합니다.

생산력의 토대가 되는 도구의 발전들과
과학의 발전들이 이루어질수록
문명의 생산력은 높아지고
높아진 생산력의 분배 과정에서
부자와 가난한 자의 층위가 나누어지게 됩니다.
생산된 부의 재분배 과정에서
권력과 사회적 신분이 자연스럽게 생겨나고
재산을 상속하는 과정에서
여성의 사회적 신분이 약화되고
여성의 성을 억압하는 관습들이 생겨나게 됩니다.
내 재산을 지키고

내 자식에게 안전하게 물려주기 위한
지역마다의 독특한 세습제도들이 생겨나게 됩니다.

생산력의 비약적인 발전은 인구의 증가로 이어지고
인구의 증가는 사회적 인간관계를 규정하는
전문화된 법률의 필요성으로 이어지게 됩니다.

미래에 대한 불확실성이 증가할수록
삶의 생존이 위협받을수록
인간과 신에 대한 관계 설정이 필요한데
보이지 않는 세계와 신에 대한 인간의 두려움은
불확실한 오늘과 내일을 해결하기 위해
우주의 진리와는 무관한
신에 대한 다양한 관념들을 탄생시켰습니다.

인간 스스로의 의식의 한계 속에서
신에 대한 특정한 관념과 의식들이 생겨나게 되고
지배 계층의 이익과 지식인 계층의 이해관계를
보장해주는 방편으로 전락하게 됩니다.
신의 이름으로
신의 계시라 믿으며
신의 뜻을 빙자하여
인간이 인간을 지배하고 이용하고 착취하는데
이론적 토대를 제공해 주면서
신은 종교라는 괴물의 옷을 입으면서
경전이나 우상에 갇혀 버린
박제화된 신으로 추락해 버립니다.

인간이 필요에 의해 창조한 신이

인간의 삶을 지배하고
인간 스스로 그것이 진리라고 믿으면서
내가 믿고 따르는 신을
당신도 따라야 한다는 강제성이 부여되면서
나와 다른 신에 대한 관념을 가진 사람을
적이라 간주하게 되고
신을 아전인수식으로 해석하면서
부족과 부족 사이에서
민족과 민족 사이에서
나라와 나라 사이에서
종교가 분쟁과 갈등의 원인이 되었습니다.

세상 모든 것들은 변화합니다.
세상 모든 만물들 또한 변화를 통해
끊임없이 진화하고 있습니다.
인간이 창조한 것 중에
백년이 가도 천년이 가도
유일하게 변하지 않는 것이 있는데
그것이 바로 종교입니다.
인간이 창조한 물질 매트릭스 최고 정점에
가장 완고하게 변질된 것이 있는데
그것이 바로 종교의 매트릭스에 갇혀 버린
신에 대한 관념들입니다.

종교와 권력이 손을 잡으면서
인간의 두려움에 뿌리를 두고
인간의 무지를 먹고
신들은 다양화되면서
점점 더 인간을 닮은 신들이 탄생됩니다.

인간을 심판하고 인간에게 벌을 주고
인간을 칭찬하고 상을 주고
인간에게 복을 주는 존재로
인간처럼 생각하고
인간처럼 감정을 가지고 있으며
인간처럼 행동하는
신들은 점점 인간을 닮아가기 시작했으며
신들은 점점 더 인격을 닮은 존재로서
인간은 신들을 추락시켰으며
물질 매트릭스의 정점에
제도화되고 권력화된 종교라는 괴물이 탄생되어
인간이 만든 신이
인간을 구속하고 심판하게 되었으며
인간은 신의 노예들이 되어버렸습니다.

신은
그 시대의 인간의 의식을 대변하는 것으로
신은 인간의 필요에 의해 창조된 것임에도 불구하고
물질적 생산력이 비약적으로 발전하고
6차원 과학기술 문명이 도입되는 이 시기에
인류는 인류 의식 성장에 걸맞는 신을
새롭게 창조하지 못하였으며
2천 년이나 3천 년 전
인류가 생각했던 신에 대한 패러다임에서
한 발짝도 나아가지 못했으며
신에 대해서만큼은
인류는 결코 진화하지 못하였습니다.

인류는 새로운 신의 필요성을 인식하지도 못한 채

경전 속에 박제된 신들을 여전히
아무 문제의식 없이 믿고 살아가고 있으며
신을 생활 속에서 잃어버린 사람들이
점점 더 많아지고 있으며
신은 단지 나에게 복을 주기 위해 존재하는 것으로
변질된 지 오래되었습니다.

신에 대한 의식의 확장 없이
물질의 매트릭스를 깨뜨릴 수 없습니다.
물질의 매트릭스를 보호하고 앞장서는데
종교와 권력이 있기 때문입니다.

물질문명의 붕괴는
물질적 토대가 되는 생산력의 붕괴이며
종교의 붕괴로부터 시작될 것입니다.
새로운 정신문명을 열기 위해선
낡은 종교 매트릭스의 붕괴는 불가피하며
새로운 신에 대한 지식들이 필요합니다.

지구 대기권을 벗어나
우주의 보편적 정신으로 확장된
우주적 진리와 진실들이
새로운 하늘과 새로운 땅과
새로운 우주로의 문명의 대전환기를 맞고 있으며
그것을 지구의 차원상승이라 하며
물질문명의 종결이라 합니다.

종교를 무력화시킬 하늘의 치밀한 계획이 있는데
목사님과 신도들 사이에서

스님들과 신도들 사이에서
신부님들과 신도들 사이에서
지식인과 종교인들 사이에서
부모와 자식들 사이에서
스승과 제자들 사이에서
동료와 동료들 사이에서
총을 들고 하는 전쟁처럼
자신이 보고 듣고 믿고 있는
종교적 신념과 가치관들의 대충돌이 있을 것이며
치열한 논쟁이 있을 것이며
급변하는 자연 환경 속에서
기존의 종교들은 무용지물이 될 것이며
인간의 마음을 얻는데 실패하게 될 것입니다.

이것이 영적인 전쟁 아마겟돈이며
노련하고 능력 있는 어둠의 역할을 맡고 있는
수많은 거짓 선지자들이
하늘에 의해 준비되어 있으며
두려움과 공포의 시간들이 올 것이며
혼란과 혼돈의 타임라인 속에
우주의 진리를 펼치는 소수의 빛의 일꾼들만이
한줄기 빛으로 인류 앞에 서게 될 것입니다.

하늘이 준비한
어둠의 일꾼들과
빛의 일꾼들을 중심으로
들판에 들불이 번지듯
영적 전쟁인 아마겟돈이
빛과 어둠이 통합되는 시기가 올 때까지

목숨을 걸고 자기 신념을 걸고
자기 믿음을 걸고 벌이는
빛과 어둠의 치열한 영적 전쟁이
지구촌 전체를 불태우게 될 것입니다.
영적인 아마겟돈을 겪으면서
기존의 종교들은 모두 붕괴될 것이며
새로운 의식들이 생겨나기 시작할 것입니다.

그동안 인류의 영혼의 진화를 위해
유지하고 관리해 온
종교의 매트릭스가 이제는 너무 낡아서
철거해야 할 시기가 도래하였습니다.
이것 또한 하늘의 계획이며
그때가 지금이며
아무도 모르게 아무도 모르게
이렇게 시작되고 있습니다.

여러분들의 건승을 빕니다.

하늘이 이럴 수는 없어!!!

지구 차원상승을 위한
지축의 정립이 시작될 것입니다.
대자연의 변화가 시작될 것입니다.
지각판들의 균열로 모든 땅들이 찢어질 것입니다.
대륙의 허리가 두 동강 날 것이며
대륙이 침몰할 것입니다.
화산들이 일제히 분출할 것입니다.
거대한 해일들이 해안가에 있는
도시들을 집어삼킬 것입니다.

거대한 변화 앞에
인류들은 두려움에 떨 것입니다.
망연자실 아무것도 할 수가 없으며
무기력한 자신들을 보며
하늘을 향한 원망과 분노만이 가득할 것입니다.
남 죽을 때 죽을래요 했던 인자들의
통곡 소리가 울려 퍼질 것입니다.
재난을 준비하지 못한 인류들의 배고픔과 추위가
뼛속까지 파고들 것입니다.
의식이 깨어나지 못한
인류들의 고통과 통곡 소리가
온 세상을 핏빛으로 물들이게 될 것입니다.
변화가 시작되었지만
고통이 시작되었지만
많은 아픔과 이별이 시작되었지만

한 치 앞도 보지 못하는
생과 사의 순간이 시시각각 몰려오고 있지만
인류들은 쉽게 변하지 않을 것입니다.

자신의 믿음을 지키겠다고
자신의 믿음을 완성하겠다고
자신에게 주어진 시험을 통과하겠다고
수행할 시간이 부족하여 깨닫지 못했다고
정성이 부족하여
내 기도를 하늘이 들어주지 않는다고
더 많은 기도와 더 많은 주문을 외우며
두려움을 해결하려고
자신이 믿는 신들을 향해 기도하기 위해
절이나 교회로 성당으로 몰려들 것입니다.
인류들은 쉽게 변하지 않을 것입니다.

그때가 왔다고
그때가 시작되었다고
하늘의 뜻과 계획은 알지도 못한 채
두려움과 공포를 잊어버리기 위해
무너져 내리는 현실을 외면한 채
더 많은 시간들을
기도와 수행하는데 보내게 될 것입니다.
아는 소리를 하는 사람들을 찾아
여기저기를 기웃거릴 것이며
용한 사람을 찾아다니며
돈으로 두려움과 공포를 잊어버리기 위해
먹이를 찾는 짐승들처럼
우왕좌왕 몰려다닐 것입니다.

기도를 하다가
많은 사람들이 잠들어 버릴 것입니다.
수행을 하다가
많은 사람들이 잠들어 버릴 것입니다.
주문을 외우다가
지금 지구에서 무슨 일이 일어나는지
아무것도 모르는 채
많은 사람들이 잠들어 버릴 것입니다.

인류들은 쉽게 변하지 않을 것입니다.
문제의 본질은 알지도 못한 채
문제의 본질은 알려고도 하지 않은 채
눈앞에 있는 두려움과 공포를 잊기 위해
자신이 믿고 있는 신을 향해
자신이 옳다고 믿고 있는 신념을 위해
목소리 높여 기도를 하고
목소리 높여 주문을 외우고
허리를 낮추어 백팔배를 할 것입니다.
인류들은 쉽게 변하지 않을 것입니다.
자연의 변화는 멈추지 않을 것입니다.
설상가상으로
해일은 더 높게 더 크게 올 것이며
모든 산들은 무너져 내릴 것이며
모든 빌딩들 또한 무너져 내릴 것입니다.
모든 댐들이 순차적으로 붕괴될 것이며
모든 저수지들이 붕괴될 것이며
모든 화산들이 분화를 시작할 것입니다.
공포와 두려움 앞에서
인류의 의식은 급격히 추락하게 될 것입니다.

광기의 시대가 올 것입니다.
대혼란과 대혼돈의 아마겟돈이 진행될 것입니다.
무질서와 공포의 시대가 올 것입니다.
인류의 생활은 단기간 안에
1950년대 6·25 전쟁직후의 사회상으로
급격히 추락하게 될 것입니다.
그럼에도 불구하고
인류들의 의식의 각성은
쉽게 일어나지 않을 것입니다.
인류들은 쉽게 변하지 않을 것입니다.

자신의 믿음을 위해
자신의 신념을 위해
더 많은 고집을 피우다 죽어갈 것이며
더 강하게 저항하다 죽어갈 것입니다.
자신의 에고를 만족시켜 줄
자신의 입맛에 맞는
자신의 의식의 눈높이에 맞는
하늘이 준비한
거짓 선지자들을 찾아 나설 것입니다.
인류들은 자신의 의식 수준에서
저항하다
분노하다
기도하다
수행하다
슬픔과 절망 속에서
대단한 착각 속에서
육신의 옷을 벗고 잠들게 될 것입니다.
세상이 말세라고

세상의 종말이 시작되었다고 말할 것입니다.
자신들만의 재림 예수를 기다릴 것입니다.
자신들만의 미륵 부처를 기다릴 것입니다.
자신들만의 우주선을
기다리는 사람도 있을 것입니다.
기다리고 기다리고
기다리고 또 기다릴 것입니다.

우데카 팀장이 전합니다.
기다리고 기다리는 재림 예수와 미륵 부처는
인류들 앞에
인류가 기다리는 모습으로
인류가 기대하는 모습으로는
절대로 나타나지 않을 것입니다.
수많은 가짜 선지자와
수많은 가짜 재림 예수와
수많은 가짜 미륵들과
수많은 가짜 창조주들 속에서
아무도 모르게 아무도 모르게
빛의 일꾼들은
옆집 아줌마와 옆집 아저씨의 모습을 하고
대중들 속에서 자신의 우주적 신분을 숨긴 채
활동을 시작할 것입니다.
수많은 가짜는 하나의 진짜를 보호하기 위해
존재하는 것이 하늘이 일하는 방식입니다.

하늘을 향한 원망과 분노 속에
현실의 두려움과 공포를 겪으면서
인류들은 각자의 의식 수준에서

하늘의 좁은문을 통과하게 될 것입니다.

인간은 쉽게 변하지 않을 것입니다.
인간은 자신의 에고를
결코 쉽게 포기하지 않을 것입니다.
이런 인류들을 향해 하늘 역시
인간의 에고를 만족시켜 주는 어떠한 일도
하지 않을 것입니다.
인류들은 하늘의 맨얼굴을 보게 될 것이며
인류들은 하늘의 실체를 보게 될 것입니다.
인류들은 하늘의 냉정함을 보게 될 것입니다.
하늘은 하늘 스스로 정한 길을 갈 뿐입니다.

하늘이 이럴 리가 없어
하늘이 이럴 리가 없어

하늘이 그럴 리가 없어
하늘이 그럴 리가 없어

하늘이 이럴 수는 없어
하늘이 이럴 수는 없어

여러분들의 건승을 빕니다.

그렇게 될 것이며
그렇게 될 예정이며
그렇게 되었습니다.

수행과 기도의 시대를 마감하며

인간이 가진 신념 중에 가장 강력한 것은
두려움과 기복신앙에 기반을 둔
종교적인 믿음입니다.

수행이 부족하여
수행할 시간이 모자라서
깨닫지 못하고 있다는 생각들이
수행자들 사이에서 퍼져 있으며
믿음의 형태로
신념의 형태로
인간의 신념 속에 남아 있습니다.

기도가 부족하여
기도에 정성을 다하지 못하여
삼십년을 새벽기도를 하고
오십년을 저녁기도를 하고
아직도 기도할 시간이 부족하여
성령의 은총을 받지 못한다고 생각하고 있습니다.

앞으로 십년을 더 기도하며 살겠다는
믿음과 신념으로
오직 기도와 치성을 다하며
오직 기도를 하며 살고 있는
종교인들이 넘쳐나고 있습니다.

수행할 시간이 부족하고
기도가 부족하여 깨달음을 얻지 못한다는
이 엄청난 착각 속에서
인류는 깨어날 시기가 도래하였습니다.

격변의 순간들이 올 것이고
하늘이 울부짖듯 울어댈 것이며
땅들이 요동을 칠 것이며
한 번도 경험하지 못한
태양의 변화가 있을 것이며
인류가 한 번도 경험하지 못한
바이러스 난과 재난을 겪게 될 것입니다.

하늘의 존재를 잃어버린 사람들과
하늘의 존재를 믿지 않던 사람들과
평생을 수행하며 살고 있는 직업적인 종교인들과
평생을 기도 속에
기도를 하며 살고 있었던 신앙인들이
더 많은 기도를 위해
더 많은 기도를 하기 위해
성당이나 절이나 교회나 법당으로
모여들게 될 것입니다.

재난과 함께 기도의 시대가 올 것입니다.
두려움을 해결하기 위해
종교적 신념을 완성하기 위해
생존을 위해
먹을 것을 위해
질병의 치료를 위해

기도하는 시간들이
점점 더 늘어나게 될 것입니다.

기도하는 시간들이 증가할수록
기도하는 사람들이 늘어날수록
기도하는 마음들은
희망에서 절망으로 변할 것입니다.
기도를 할 수밖에 없는
자연의 변화들은 점점 더 심각해질 것이고
사회적 기반은 하루가 다르게 붕괴될 것입니다.

인류는 하루에 반을 기도하는 데
시간을 보내게 될 것입니다.
기도할 시간이 부족하다고 느끼는 인류들은
원 없이 기도를 하다 잠드는 시간이 올 것이고
잠에서 깨어나면
또 기도하다 잠들게 될 것입니다.

기도를 해도
아무런 소용이 없음을 알 때까지
기존의 종교적 패러다임으로는
현실의 문제에 아무런 도움이
되지 않는다는 것을 깨달을 때까지
삶의 환경들은 악화될 것입니다
기존의 종교들은
자연의 변화와
사회적 기반들이 무너지는 환경 속에서
속수무책이 될 것이며
종교의 매트릭스들이 여기저기서

내부의 깨어난 인자들로 인하여
무너져 내릴 것입니다.

지구의 변화는 멈추지 않을 것입니다.
하늘은 하늘의 프로그램대로
한 치의 오차도 없이
멈춤 없이
가슴을 닫고
속전속결 동시다발로
물질문명을 종결할 것이기 때문입니다.

종교적 신념들이 모두 붕괴될 때까지
종교적 가치들이 바로잡힐 때까지
신에 대한
새로운 가치관들을 필요로 할 때까지
자신이 옳다고 믿고 있던 신념들이
모두 붕괴될 때까지
뼛속 깊숙이 자리 잡은 수많은 편견들을
스스로 내려놓을 때까지
하늘은
인류들을 격변하는 환경들을 통해
극심한 생존 환경으로 몰아부칠 것이며
물질의 허망함을 체험하도록
인류가 가진 모든 재산이나 재물들이
무용지물이 되게 만들 것입니다.

기도 만능의 시대의 허망함을 겪으며
인류는 비로소
새로운 의식에 눈을 뜨게 될 것입니다.

하늘에서 준비된 빛의 일꾼들을 통해
인류는 새로운 진리에 눈을 뜨게 될 것이며
역장 생활을 통해
물질문명에 오염된 진리들이
새로운 진리들로 대체될 것입니다.
일 년 정도의 역장 생활을 통한
집단생활과 교육을 통해
인류는 새로운 정신문명을 열게 될 예정입니다.

새하늘과 새땅
새로운 우주는 이렇게
지구에서 시작됨을
우데카 팀장이 전합니다.

그렇게 될 것이며
그렇게 되었습니다.

여러분들의 건승을 빕니다.

5부
하늘을 잃어버린 인류에게

지금 여러분들은
인류 역사상 한 번도 공개된 적이 없는
지구 대기권 밖의 우주의 진리들을 듣고 있지 않습니까?
종교와 정치에 오염되지 않은
하늘의 소리를 대우주의 진리를 이렇게 생생하게
지금 당신이 읽고 있지 않습니까?

하늘과 땅 사이에 : 천지 차이

하늘과 땅 사이에 꽃비가 내리더니
250만 년 전에
하늘의 뜻(계획)이
땅에서 문명으로 펼쳐졌습니다.

하늘과 땅 사이에는
이해가 잘못되어 생기는
오해들로 가득차 있습니다.
하늘과 땅 사이에는
너무나 많은 간격이 있었으며
하늘의 법과 땅의 법은
하늘과 땅 사이만큼 다르게 존재하였습니다.

하늘과 땅 사이의 간극을 극복하기 위해
인류는 참 아픈 역사를 견디어 왔습니다.
인류는 생존을 위해
자신의 정치적 입장을 강화하기 위해
더 많은 물질을 얻기 위해
신의 이름으로 하늘의 이름으로
땅을 피로 물들게 하였으며
많은 아픔과 슬픔들을 경험하였습니다.

하늘과 땅 사이에는
하늘의 뜻을 빙자한
참 많은 속임수들이 있어 왔으며

하늘의 진리들은
인류의 눈높이로
인류의 의식 수준에 맞추어
각색되었으며
오염되었으며
추락하였습니다.

하늘과 땅의 간극을 메우고자
3천 년 전
네바돈 우주의 창조주*인 어머니
석가모니 부처님께서
자녀들의 영적 성장을 위해
봉사자의 길을 육신의 옷을 입고
지구 위를 걸었습니다.
2천 년 전
네바돈 우주의 창조주인 아버지께서
예수 그리스도라는 인물로
자녀들의 영적 성장을 위해
봉사자의 길을 육신의 옷을 입고
지구 위를 걸으셨습니다.

하늘과 땅 사이의 간극을 메우기 위해
자녀들의 영적 성장을 위한
종교 매트릭스를 설치하기 위해
네바돈 우주의 창조주인
아버지와 어머니께서 육화를 통해
하늘의 소리를 전하고 가셨습니다.

하늘의 뜻과 소리는

> **네바돈 우주의 창조주**
> 네바돈 우주의 창조주의 에너지의 양의 측면에 아버지인 크라이스트 마이클이 있으며 음의 측면에 네바도니아 어머니가 존재함

처음에는 잘 전승되는 듯하였습니다.
시간이 지나면서 오염이 되기 시작하였으며
인류의 욕심과 욕망에 의해
정치와 종교가 커튼 뒤에서 손을 잡으면서
하늘의 진리는 숨겨졌으며
하늘의 뜻은 왜곡되었으며
하늘의 소리는 오염되었습니다.

이제 250만 년 동안
네바돈 우주 지구 행성에서는
영혼들의 영적인 진화와 체험이
풍부하게 이루어졌습니다.
자녀들의 영적 진화와 체험을 위한
어머니(석가모니 부처님)와
아버지(예수 그리스도)의 희생 덕분에
지구 행성에서 펼쳐진 4차원 물질학교는
우수한 졸업생들을 배출하게 되었습니다.

모든 영혼들의 영적인 성장이 있었으며
이제는 각자의 성적표를 받아 들고
자신의 고향별로 돌아갈 영혼들이 있으며
공부의 과정이 더 남아 있는 영혼들은
금성으로 육신을 옷을 벗고 가야 할
시간이 되었습니다.
졸업생들은 지구 행성이
정신문명으로 탄생된 이후에
새하늘과 새땅이 지구 행성에 펼쳐지면
계속해서 살아갈 예정입니다.

하늘과 땅 사이의 간극이
자녀들의 성장에 따라 줄어들었으며
이제는 졸업식(차원상승)을 앞두고 있습니다.

하늘과 땅 사이에
아무도 모르게 펼쳐진
하늘의 숨은 뜻을 이해하지 못하거나
받아들이지 못하는 인자들이 있을 것입니다.

하늘의 진리들이
이렇게 우데카 팀장의 글을 통해
생생하게 펼쳐지고 있지 않습니까?
인류가 한 번도 경험하지 못한
인류가 한 번도 들어 보지 못한
새로운 진리들을
당신이 이렇게 읽고 있지 않으십니까?
인류에게 한 번도 공개되지 않은
우주의 진리들이
하늘의 소리들이
정치와 종교에 오염되지 않은
하늘의 소리 그대로 들려주고 있지 않습니까?
250만 년 동안 이 지구 위에서
고생한 영혼들의 가슴을 향해
이제는 때가 되어
이렇게 울려 퍼지고 있지 않습니까?
울림과 느낌으로
각자의 의식의 눈높이에 맞추어
울려 퍼지고 있지 않습니까?
느낌 속의 느낌으로

가슴과 가슴으로 공명하고 있지 않으십니까?
그것이 각자의 성적표인 것입니다.
귀 있는 자는 듣게 될 것이며
눈 있는 자는 보게 될 것입니다.
하늘과 땅 사이에
이제 문명을 종결하기 위한
꽃비(감로비)*가 내리고 있습니다.
이 꽃비가 내리고 나면
지구 물질문명은 빠르게
변화의 소용돌이 속으로 빠져들어 가게 될 것입니다.

알아챔과 눈치챔으로
졸업식에 늦지 않도록…

여러분들의 건승을 빕니다.

감로비

하늘이 내려준 감로수(甘露水).
감로수는 한 방울만 마셔도 모든 괴로움이 사라지고 영생불사하는 신령스런 액체로 비유됨. 여기서는 인연 있는 자들을 깨우고 산 자와 죽은 자를 구별하기 위하여 비처럼 내려주는 창조주의 빛을 의미함

지금이 그때인 이유

인류 사회를 관통하는 수많은 모순들은
시대가 변하면서 달라진 것처럼 보이지만
본질에 있어서는 달라지지 않았으며
각 시대마다 종말을 상징하는
시대적인 모순이 있었으며
자연재해 역시 늘 있어 왔습니다.

모순이 많은 것처럼 보이는
자본주의 사회보다는
태어날 때부터 엄격한 신분이 결정되는
봉건 사회가 더 큰 모순을 가지고 있었습니다.
늘어나는 모순들이 쌓이고 쌓이면서
불합리하고 부조리한 사회가 지속될수록
지식인들은 사회 변혁을 위한 명분을
종교에서 찾았습니다.
종교적 믿음과 신념을 바탕으로
그때(종말의 때)를 이야기하였으며
사회 모순을 해결하기 위해
자신들의 정치적 입지를 강화하기 위해
신의 이름으로
신의 뜻으로
신에 대한 인간의 두려움을 이용하여
신의 심판으로 그때(종말)를 각자의 입장에서
정치적으로 악용하였습니다.

그때는 신의 심판으로 알려져 왔으며
그때는 신의 뜻으로 정의를 말하였으며
그때는 신의 의지를 앞세우면서
정치와 종교는 커튼 뒤에서 손을 잡고
정적(政敵)들을 제거하는
수단으로 악용하였으며
자신들의 정치적 기반을
강화하는데 이용하였습니다.
사회가 불안할 때마다
신의 심판이 가까이 왔다는
거짓 선전과 속임수들을 이용하여
대중들을 속여 왔습니다.

우데카 팀장이
그때(지구 물질문명의 종결)가 지금인 이유를
시절인연이 있는 인자들과
깨어나고 있는 빛의 일꾼들을 위해
다음과 같이 기록으로 남깁니다.

첫 번째 이유

지구는
사타니아 항성계 606번 행성입니다.
대우주의 시스템 속에 존재하는 행성입니다.
우주의 6번째 주기를 지구에서 마감하고
7번째 대우주의 주기를 지구에서 시작해야 하는
아주 특별한 행성입니다.

지구 대기권 밖에서는

대우주의 차원상승❖이 있었으며
은하계의 차원상승이 있었으며
항성(태양)들의 차원상승이 있었으며
행성들의 차원상승이 진행되고 있습니다.
이제는 지구 행성의 차원상승이 이루어질
우주의 타임라인❖이 도래하였습니다.

지구 행성에 살고 있는
인류의 의지와 상관없이
지구의 차원상승을 위한 대변혁이
하늘에 의해 준비되어 있으며
더 이상 피할 수도 연기될 수도 없습니다.

두 번째 이유

250만 년 동안 지구라는 물질학교에서
물질 체험을 한 영혼들은 충분히 성장하였습니다.
이제는 각자의 성적표를 받아들고
각자의 수준에 맞는 상급 학교로
진급을 해야 하는 시기가 도래하였습니다.
영혼들을 위한 물질학교로서의
지구 행성의 무대가
오래되고 낡아서 리모델링이 필요하며
무대는 머지않아 철거될 예정입니다.
새로운 물질학교 금성에
지구에서 전학 온 영혼들을 받아들일 준비가
되어 있습니다.
지구 역사 250만 년 동안 영혼들은
다양하고 충분한 물질 체험을 통해

대우주의 차원상승
2016년 3월 1일 대우주가 15차원에서 18차원으로 확장됨

타임라인(timeline)
대우주와 행성들과 영혼들에 이르기까지 각각의 여정과 진화의 계획이 실행되기로 예정된 하늘의 시간표

우주적 카르마들을 모두 해소하였으며
지구에서 물질 체험을 통하여
우주의 자녀들로
우주의 귀한 자산들로서
많은 영적 성장을 이루었습니다.
성장하고 성숙된 영혼들에 대한 졸업식이
바로 차원상승이며
개벽이며
그때를 말하는 것입니다.

세 번째 이유

말세(末世)의 징조, 그때를 알리는 징조는
옛날이나 지금이나 큰 차이가 없습니다.
어느 시대나 젊은 것들은
버릇(싸가지)이 없었습니다.
어느 시대나 모순은 있었으며
불합리하고 부조리한 사회의 모순에
저항하는 인자들은 늘 있었습니다.
자신이 살고 있는 시대가
늘 말세라고 느꼈으며
그때라고 믿어온 것이
인류의 보편적인 역사입니다.

자연재해와 끔찍한 범죄들과 전쟁들은
옛날에도 있었으며
지금도 나타나고 있으며
앞으로도 있을 것입니다.
예전보다 강도가 세지고 빈도가 잦을 뿐입니다.

사회적 모순들이 자체 모순으로 인해
붕괴될 것처럼 보이지만
한 나라의 정권이나 문명은 그리 쉽게
붕괴되지 않습니다.
개혁세력과 보수세력들은 언제나 있었으며
앞으로도 있을 것입니다.
세상이 늘 불완전하고
모순이 가득찬 것으로 보이지만
그것은 세상의 종말이 아닙니다.
그렇게 보고 싶고
그렇게 되기를 바라는 사람들의 희망일 뿐
세상의 종말이 왔다고 거리에서
외치는 사람이 있다면
그것은 대단한 착각이거나
세상을 비관적으로 보는 입장들일 뿐입니다.

지금 눈앞에 펼쳐지는
사회적 갈등과 사회적 모순 구조
자본주의의 정점에 달한 인류 문명의 한계 때문에
그때가 지금이라고
우데카 팀장은 말하지 않습니다.
이 정도의 사회적 갈등이나 모순은
어느 시대에나 있었기 때문입니다.

지금 지구가 처해 있는 상황을
냉정하게 한번 보십시오.
종말의 징조가 보이십니까?
그때가 임박했음을 느끼십니까?
인류들의 평균 눈높이로 보고 또 보아도

그때의 징조는 보이지 않습니다.
이 정도의 모순은 어느 시대에나 늘 있었으며
인류의 보편 정신으로 이겨낼 수 있으며
이겨낼 수 있는 지혜를 인류는 가지고 있습니다.
세상에 나타나는 징조를 가지고
그때를 말하지 마십시오.

자신이 그렇게 믿고 싶어하는
신념이 거기에 있으며
자신의 정치적 신념과
자신의 이해관계를 위해
그때가 왔다고
신의 심판이라고 말하지 마십시오.

우데카 팀장이 말하고 있는
지금 이 시대를 그때라고
말하고 있는 이유는 다음과 같습니다.
보이는 세계(땅에서의 문명)는
보이지 않는 세계(하늘의 계획)가 있기 때문에
존재하는 것입니다.

하늘이 준비하고 계획한
보이지 않는 세계에서의 계획이
더 이상 지구 행성에는 없다는 것입니다.
마지막 장면만을 남겨 두었으며
배우들의 다음 대사가
하늘에서 준비되지 않았다는 것입니다.

대자연의 변화(격변)와 함께

인류가 한 번도 경험하지 못한 자연재해들이
인류 앞에 펼쳐질 것입니다.
그때서야 종말의 징조가
인류의 눈앞에 나타날 것이기 때문입니다.
사회적 모순이나 갈등들이 봇물처럼
한꺼번에 터져 나오면서
인류 스스로 자정 기능을 회복하지 못하면서
아마겟돈(종말)이 펼쳐질 것입니다.
그러니 종말의 징조를 현실에서
눈으로 찾지 마시기 바랍니다.
세상은 지금 너무 평화롭고 너무 아름다우며
즐거운 물질문명의 축복 속에 있기 때문입니다.

네 번째 이유

문명 종결을 위해
고차원의 영들이 인간의 육신을 입고
신들의 귀환✤을 통해
빛의 일꾼 144,000명이 지금 이 시간
모두 육화되어 문명을 종결짓기 위한
절차에 들어가 있습니다.

이번 지구 차원상승의 핵심인
아보날의 수여✤가
역장(안전지대)의 설치와 함께 예정되어 있으며
144,000명의 빛의 일꾼들이
최종 상위자아 합일을 통해
아무도 모르게
아무도 모르게

신들의 귀환

물질행성 지구의 마지막 시기에 인류의 영적 부모인 고차원의 존재들이 영적 자녀들의 차원상승을 돕기 위해 육화하는 것.
인류의 종교적 관념 속에 있는 완전무결한 존재로서의 신, 또는 벌을 주고 심판하는 신으로 오는 것이 아니며, 신성의 회복과 사랑의 회복을 의미함

아보날의 수여

빛의 일꾼 중 아보날 그룹이 역장의 총 책임자와 역장 관리자로 하늘로부터 임명되는 것

지금 이 순간 깨어나고 있기 때문입니다.

지금 지구에는
천상정부의 집행부들이 총출동해 있으며
우주의 최고 수뇌부들이 육신을 입고
전 세계에서 문명을 종결하기 위해
자신이 빛의 일꾼인지도 모르는 채
자신의 우주적 신분도 알지 못한 채
아무도 모르게
아무도 모르게
내면의 끌림이나 느낌을 통해
깨어나고 있는 중입니다.

250만 년 전부터 준비된 빛의 일꾼들은
문명 종결자들입니다.
이들은 하늘에 의해
지금 이 순간에 전 세계에서
아무도 모르게
아무도 모르게
들불이 번지듯
하늘의 타임라인에 맞추어 깨어나고 있습니다.

다섯 번째 이유

'세상이 말세여'
인류 역사를 관통하는 아픈 용어입니다.
세상이 말세가 아닌 적이
인류 역사상 한 번이라도 있었습니까?
누군가에게 세상은

늘 모순 그 자체였으며
누군가는 세상을
늘 말세처럼 느끼고 있었습니다.

말세의 징조를 찾지 마십시오.
세상은 늘 나보다 더 나쁜 사람이 잘 살고 있으며
세상은 늘 나보다 못생긴 년이
시집을 잘 가서 잘 살고 있으며
세상은 늘 나보다 능력이 부족한 사람이
더 많은 성공을 이루는 사회이며
세상은 늘 태어날 때부터 죽을 때까지
불공평하고 불합리하고
부조리한 세상의 연속이었습니다.

세상은 늘 불완전하고
모순처럼 보이는 것들로 가득차 있습니다.
지금 이 시대가 특별히 말세가 될 수는 없으며
종말의 때는
인류 역사의 모든 순간들이었습니다.

진리가 너희를 자유케 하리라!!!

지금 이 글을 읽고 있는 여러분들은
인류 역사상 한 번도 경험하지 못한
우주의 진리들을
우데카 팀장의 글을 통해 읽고 계십니다.
인류 역사상 한 번도 공개된 적이 없는
지구 대기권 밖의
우주의 진리들을 듣고 있지 않습니까?

인간과 인간 사회의 갈등과
모순들의 근본 원리를
우데카 팀장의 글 곳곳에서
실타래처럼 하나하나 풀어서
펼쳐 보이고 있지 않습니까?
그물에 걸리지 않는 바람처럼
자유롭게 펼쳐지는 우주의 진리들을
이렇게 당신이 읽고 있지 않습니까?
종교와 정치에 오염되지 않은
하늘의 소리를
대우주의 진리를
이렇게 생생하게
지금 당신이 읽고 있지 않습니까?

이때가 바로
지금임을
다시 한 번 전합니다.

여러분들의 건승을 빕니다.

남 죽을 때 죽을래요

변화가 올 것이라고
변화가 오고 있다고
변화가 시작되었다고
그때가 지금이라고 주변 사람들에게 말하면
양치기 소년을 대하듯
대부분의 사람들은 관심이 없습니다.
그러면서 공통적으로 하는 말은

남 죽을때 죽으면 되지
뭘 혼자 살아서 뭐 할라고 그러세요
구질구질하게 살아서 뭐하게요

남 죽을 때 죽을래요
저에게 그런 말 하지 마세요
당신이나 잘 믿으세요

이 시대의 가장 보편적 사고를 가진
보통 사람들의 사고의 형태입니다.
눈에 보이는 것이 전부로 알고 있으며
9시 뉴스를 모두 진실이라 믿고 있으며
남들이 사는 것처럼
남들이 하는 것을 똑같이 따라 하며
남부럽지 않게 살아가고 있는
의식이 깨어나지 못한
인류들의 생각의 단편들입니다.

지금은 지구 행성의 물질문명의 종결을 위한
초읽기에 들어간 긴박한 상황입니다.
폭풍전야의 상황입니다.
아무것도 모르는 채
인류가 한 번도 경험하지 못한
지축의 이동을 맞이할 것인지
자신이 할 수 있는 것들을 준비하면서
미래를 맞이할 것인지
인류 앞에 놓인 선택지는 많지 않습니다.
모든 종교에서 말하는 그때가
모든 예언서에서 말하는 그때가
지축의 정립*과 함께 시작될 것입니다.

폭풍우가 오기 직전 두려움과 공포를
느끼는 인자들이 늘어나고 있습니다.
남 죽을때 죽을래요
실제 상황이 시작되었을 때
제일 먼저 살겠다고
살아 보겠다고
발버둥치는 사람들은 바로
남 죽을 때 죽을래요 했던 사람들이 될 것입니다.
남 죽을 때 죽을래요 라고 말했던 사람들은
남 죽을 때 나만이라도 살아야겠다로 바뀔 것입니다.
인간의 맹세가
인간의 말이 얼마나 부질없는 것인지
각자의 의식 수준에서 체험하게 될 것입니다.

호모 사피엔스의 생존 본능이
얼마나 무섭고 집요한지

> **지축의 정립(극이동)**
> 23.5도 기울어져 있는 지구의 자전축과 지표면이 만나는 극점이 여러 차례에 걸쳐 이동하여 바로 서게 되는 과정

인류들은 재난의 한가운데에서
뼈저리게 느끼게 될 것입니다.
남 죽을 때 죽을래요 를 외치던
인자들의 통곡 소리가
재난을 준비하지 못한 인자들의 탄식 소리가
땅과 하늘을 핏빛으로 물들게 할 것입니다.
아프고 아픈 세월이 시작될 것입니다.

지축의 정립이 이루어질 것입니다.
이것은 실제 상황이 될 것입니다.
하늘에서의 영화 촬영은 모두 끝났으며
살 자와 죽을 자의 구분 역시 모두 끝났으며
영혼의 여행에 맞는
시절인연이 있는 인자들만이 살아남아
새하늘과 새땅을 맞이하게 될 것입니다.

땅들이 갈라질 것이며
바다는 산처럼 육지를 향해 몰려들 것이며
갈라진 땅 틈으로 많은 생명들이 잠들 것이며
태산 같은 쓰나미가 모든 것을 쓸어갈 것입니다.
산들이 무너져 내릴 것입니다.
하늘을 쳐다보고 원망하는 소리들이
하늘을 향해 울려 퍼질 것입니다.
인류가 하늘을 향해 눈 돌릴 때
하늘에서는 우산이 필요 없을 만큼의 비가
양동이로 퍼붓듯 쏟아질 것입니다.
하늘은 수많은 화산재들로 가득찰 것이며
기온은 급속도로 떨어질 것이며
대지는 죽은 땅들이 될 것입니다.

강과 육지의 경계가 사라질 것이며
바다와 육지의 경계가 사라질 것입니다.
한 모금 마실 수 있는 식수를 찾기 위해
십 리를 걸어야 하는 시절이 올 것입니다.
추위와 배고픔에 인류들은 노출될 것이며
시간이 지날수록 상황은 악화될 것입니다.
속전속결 동시다발로
하늘은 가슴을 닫고 문명을 종결할 것입니다.
겨울이 시작되면
어쩔 수 없이
인류는 공동체 생활을 시작해야 할 것이며
살아남은 자들의
피눈물 나는 고통의 시간이 기다리고 있습니다.

그날이 시작되고 있습니다.
이제 실제 상황만을 앞두고 있습니다.
시절인연이 있는 인자들과
깨어나는 빛의 일꾼들을 위해
이 글을 기록으로 남깁니다.

여러분들의 건승을 빕니다.

남 죽을 때 죽을래요
그렇게 될 것이며
그렇게 될 예정이며
그렇게 될 것입니다.

안전지대 역장의 존재와
아보날의 수여

지축의 순차적 정립과 함께
자연의 대변화와 함께
자본주의의 모순인 대공황과 함께
사회적 안전망들의 붕괴와 함께
물질적 토대들의 붕괴와 함께
인간의 이기심이 만드는 인재(人災)의 증가와 함께
인류들은 동시다발로 진행되는
급격한 사회 변동을 겪게 될 예정입니다.

한 번도 경험해 보지 못한 자연의 변화 앞에
사회적 모순들이 한꺼번에 터져 나오기
시작할 것입니다.
각 나라들은 자국의 이익만을 위해
보호무역의 장벽들을
더욱더 강화하게 될 것입니다.
지역과 지역들 사이에서 민족과 민족들 사이에서
종교와 종교들 사이에서 나라와 나라 사이에서
생존을 위한 극단적인 대립들이
나타나게 될 것입니다.

기존의 패러다임✚ 안에서 문제를 해결하고자 하는
눈물겨운 생존을 위한 싸움들이 있을 것입니다.
종교적 믿음의 방식과
법과 질서를 유지하던 치안 상황들이
참혹한 현실 앞에 서서히 무너질 것입니다.

> **패러다임(paradigm)**
> 어떤 한 시대 사람들의 견해나 사고를 지배하고 있는 이론적 틀 또는 인식체계

자신의 이익과 명예를 위해
새로운 세상을 이야기하는
수많은 거짓 선지자들이
두려움과 공포에 질린
인류들의 마음을 훔치기 위해
세계 곳곳에서 우후죽순처럼 등장하게 될 것입니다.

아무도 믿을 수 없을 정도로
불신과 두려움과 공포의 현실 앞에서
영적 아마겟돈은
계층과 계층 사이에서
지식인들과 지식인들 사이에서
이웃들과 이웃들 사이에서
부모와 자식들 사이에서
가족과 가족들 사이에서
목사님들과 신도들 사이에서
스님들과 신자들 사이에서
신부님들과 신자들 사이에서 준비되고 있습니다.
분별력 없는 인자들과
분별력을 갖추지 못한 인자들은
길 잃은 양처럼
길을 잃고 방황하게 될 것입니다.

정보를 듣고 가치를 분석하고 판단하는 능력이
생과 사를 결정할 것이며
자신이 믿는 종교적 신념에 의해
자신의 의식 수준에 맞추어
정보를 다루는 의식의 편차들이
사람마다 천차만별로 나타날 것입니다.

수많은 속임수들이 있을 것이며
수많은 거짓 선지자들이 출현할 것이며
수많은 예언자들이 등장할 것입니다.

인류가 한 번도 경험하지 못한
대혼란과 혼돈 속에서
한 치 앞도 보이지 않는 상황 속에서
어디로 가야 하는지 무엇을 해야 하는지
무엇이 진실인지 무엇이 거짓인지
아무것도 확신할 수 없는 상황 속에
인류들은 내던져질 것입니다.

오직 알아챔과 눈치챔으로
내면의 소리를 통해
하늘의 인연법에 의해 올 수 있는
자연재해와 인재로부터 안전한 지역(역장)이
하늘에 의해 준비될 예정입니다.
이 곳은 자기장과 중력이 다른 곳과 달리
강한 지역이어서
몸의 진동수가 높아진 사람만이
출입할 수 있습니다.
눈에 보이지도 않으며
오직 몸의 감각에 의해서만
이곳을 눈치챌 수 있으며
알아챌 수 있을 것입니다.

하늘에 의해 준비된 개벽이며
하늘에 의해 계획된 아마겟돈이며
하늘에 의해 실행되는 자연재해이며

하늘에 의해 집행되는 지축의 정립에 따른
지구 행성의 차원상승 프로그램입니다.

하늘이 무너져도 솟아날 구멍이 있습니다.
하늘에 의해 준비되고 계획된
안전지대들이
세계 곳곳에 준비되어 있습니다.
빛의 일꾼들 중 아보날 그룹❖이
이 안전지대를 관리하게 될 것입니다.
이것을 아보날의 수여라고 합니다.

인류들은 모든 것을 잃은 채
어둠의 정부의 통치와 통제를 피해
자연재해로부터 벗어난 곳과 치안이 안정된 곳
생활 기반 시설이 갖추어 있지는 않지만
폭력과 폭행이 없는
마음과 정신을 쉴 수 있는
안전한 곳을 찾게 될 것입니다.
시절인연이 되어
우데카 팀장이
의식이 깨어난 인자들을 위해
의식이 깨어나고 있는 빛의 일꾼들을 위해
이 글을 전합니다.

그렇게 될 것이며
그렇게 될 예정이며
그렇게 되었습니다.

아보날 그룹
특수임무를 수행하기 위한 창조주의 직속 군인 부대.
이번 지구 물질문명의 종결과 차원상승 프로젝트에서는 역장 최고 책임자로서 지역의 치안판사, 행정, 의료, 교육의 역할을 수행하게 됨

십승지와 미륵 사상

재난의 시대가 오고 있습니다.
인류가 한 번도 경험해보지 못한
대자연의 변화가 오고 있습니다.
모든 예언서에서 말하는
지축의 정립이 다가오고 있습니다.
물질문명을 종결하기 위해
새하늘과 새땅을 열기 위해
아무도 모르게 아무도 모르게
대자연의 격변과 천지개벽이
하늘에 의해 준비되고 있습니다.

이 마지막 순간을 위해
물질문명의 붕괴가 되는 이때를 위해
한민족을 위해
단지파들을 위해
250만 년 전부터 치밀하게
하늘에서 준비한 것이
미륵(彌勒) 신앙과 십승지✛입니다.
하늘은 이 마지막 때를 위하여
살아남아 새로운 세상을 열어갈 인류들을 위해
하늘은 하늘이 일하는 방법으로
미륵 신앙을 준비해 놓았습니다.
재난을 준비하고
지축 정립 후 세상을 펼치기 위하여
다양한 민족종교들과

십승지(十勝地)
「정감록」, 「격암유록」 같은 비결서를 통해 전쟁이나 천재지변이 일어나도 안전하게 살 수 있다고 전해진 곳

한반도에서 출현했던 수많은 신흥 종교들과
민족종교들을 다양한 의식 층위에 맞추어
다양하게 펼쳐 놓았습니다.

지축 정립 후
한민족을 중심으로 새로운 정신문명이
전 세계에 펼쳐질 것입니다.
한반도를 중심으로
한민족이 열어갈 새로운 정신문명의
펼쳐짐을 위한 사전 작업으로
다양한 신흥 종교들과 민족종교들을
하늘이 탄생시켰습니다.
기존 종교의 교리에
한민족의 고유한 정신문화들이 들어가 있는
신흥 종교들 또한 하늘이 마지막 때를 위해
인류를 위해 준비해 놓았습니다.

한반도는
전 세계에 있는 모든 종교들의 도가니이며
모든 종교들의 전시장입니다.
세계 모든 종교들이 들어와
왕성하게 활동하고 있습니다.
물질문명이 붕괴되고
모든 나라의 국경들이 붕괴할 만큼
지축의 정립은 모든 것을 바꾸어 놓을 것입니다.
마지막 때를 위해
세계의 모든 종교들이
한반도에서 활동하고 있으며
이때를 위해 준비되어 있습니다.

변화 후 새로운 우주적 진리들이
한반도에 들어와 있는 종교인들을 중심으로
자신들의 나라에 역수출될 것입니다.
한반도를 중심으로 전 세계에
우주적 진리들이 펼쳐질 때에
지금 한반도에 들어와 살고 있으며
한민족의 문화와 역사를 잘 알고 있는
유학생이나 기자들과 파견 근로자들 중에
하늘로부터 큰 역할들이 주어지는
인자들이 있을 것입니다.

이번 지구 차원상승 프로그램의 특징은
역장(안전지대)의 설치와 운영입니다.
지축의 정립은
모든 물질문명을 붕괴시킬 것입니다.
도시 중심의 문명들이 빠르게 붕괴될 것이며
산이 있고
들이 있고
물이 있는
사람이 살 수 있는 농촌 지역으로
재난 중에 살아남은 사람들은 모여들어
살아갈 수밖에 없을 것입니다.
재난을 피할 수 있는 곳이
안전지대이며 역장인 것입니다.
이곳은 주변 지역보다 안전한 지역이며
자기장과 중력이 주변보다 약 20% 정도
강한 곳이어서 몸의 진동수가 높아진
사람이 아니라면 출입이 어려울 것입니다.

대규모 재난이나 전쟁을 피할 수 있는 곳
역병이나 괴질로부터 안전한 곳으로
일반 대중들에게는 십승지로 알려져 있습니다.
십승지들은 지축의 정립이 이루어질 때에
인류를 구하고자 하는
하늘의 숨은 뜻이 있는 곳입니다.
세상에 알려진 십승지 중에
진짜가 있고 가짜가 섞여 있습니다.

자연의 대격변 후
의식이 깨어난 인자들과
하늘의 인 맞은 자✢들은
하늘이 준비한 안전지대로 모여들 것입니다.
그곳을 알려주는 증표가 바로
미륵 신앙입니다.
**미륵은 미래에 오실 부처이며
인류를 구할 부처이며
우주의 수레바퀴를 굴리시는 비로자나 부처이며
창조주의 또 다른 표현입니다.**
지구 행성의 차원상승과 천지 대개벽을
주관하는 분은 창조주입니다.
의식이 깨어나고 있는 인자들과
빛의 일꾼들이
알아채고 눈치채라고
하늘에서 알려주고 있는 표식이 있는데
그곳에는
봉황과 미륵 부처가 있습니다.

하늘이 준비한 안전한 곳

하늘의 인(印) 맞은 자

하늘의 도장을 맞은 자라는 뜻으로 성경에서 나온 표현임.
이 책에서는 하늘의 법칙에 따라 차원상승의 대상자와 역할자로 정해져 차크라를 열고 송과선이 열린 자들을 말함

대규모 재난과 환난을 피할 수 있는 곳
하늘의 인 맞은 자들만 출입할 수 있는 곳에는
미륵 부처가 모셔져 있습니다.
또한 봉황이 그곳에 상징으로 존재합니다.
미륵 신앙과 연관되어 있거나
봉황의 상징이나 전설이 있는 곳은
하늘이 마지막 때에
인류를 위해 준비한 안전지대(역장)라는 것을
우데카 팀장이 전합니다.
이제는 시절인연이 되어
하늘이 그동안 꼭꼭 숨겨 놓은
미륵 신앙의 본질을
우데카 팀장이 전합니다.

정신문명의 수도 안동(安東)
구한말 세도정치의 중심인 안동
유교 문화의 중심지 안동에
미륵 신앙을 상징하는 안동의 제비원✦이
우연히 존재한다고 보십니까?
성주풀이의 본고장으로서 안동의 제비원이
우연히 존재한다고 보십니까?
천등산 일대와 마애불이 있는 제비원과
봉황이 머물고 있다고 알려져 있는 봉정사와
여인왕국✦의 터가 있던 개목사가
우연이라고 믿으십니까?
이곳은 경북 내륙 지방의
미륵 신앙의 발생지이며 중심지입니다.
앞으로 이 일대는 지축의 정립 과정에서
수많은 지진으로 인하여 댐들이 붕괴될 때

제비원
경북 안동시 이천동 마애석불 주변 지역.
경상도에서 충청도, 경기도로 가는 길목에 위치하며 이곳에 연미사(燕尾寺)라는 절이 있음

여인왕국
약 2천여 년 전 안동 천등산 개목사(開目寺) 주변 지역에 세워진 여인들만이 살았던 왕국.
신라 이전에 있었던 6부족의 여인들이 모여 남자들을 몰아내고 가야의 문명을 전수받아 38년간 존속했으며 신라의 모태가 됨

경북 내륙 지역에서 가장 안전한 곳이며
살아남은 사람들이 모여들 가장 안전한
피난처가 될 것임을 알리는
하늘의 표식이 바로 미륵 부처님과 봉황으로
알려주고 있는 것입니다.

안동 지역 천등산 일대는
경북 내륙의 가장 큰 안전지대이며
환란과 재난을 피할 수 있는 곳이라는 것을
미륵 신앙이 알려주고 있습니다.
전국 각지에 있는 사찰들 중에
미륵 부처를 모시는 사찰들과
봉황과 관련된 지명이나 전설이 있는 곳이
재난과 환란으로부터
안전한 장소가 될 것임을
하늘이 알려주고 있는 것입니다.

안동지역 천등산 주변 지역의 특성은
다음과 같습니다.
하늘의 등불이라는 천등산이 있으며
천등산은 북극성에 해당되며
북극성의 중심에 자미원이 있으며
그 주변에 북두칠성이 있습니다.
천등산을 중심으로 한 이 지역은
창조주가 계시는 자미원과
스타게이트 역할을 하고 있는
북두칠성의 모습을
한반도에 재현해 놓은 곳입니다.
하늘의 북두칠성의 모양이

안동 천등산을 중심으로 축소되어 나타나 있습니다.
이곳에 제비원이 있으며
제비원에 성주풀이(북극성주)의 유래가 있으며
이곳에 봉황(창조주)이 머물고 있는
봉정사가 있으며
이곳에 미륵불(창조주의 의지)이 있습니다.
인류는 한 번도 경험하지 못한
지축의 정립이라는
초유의 사태를 겪게 될 것입니다.
삶과 죽음의 경계에 서 있게 될 것입니다.
그 상황이 너무나 참혹하여
살아남은 사람들이 죽은 사람들을
부러워하게 될 것입니다.
새하늘과 새땅은
모든 것이 무너진 폐허 속에서
하늘이 준비한 안전지대에서
하늘의 인 맞은 인자들을 중심으로
하늘에서 준비한 빛의 일꾼들을 중심으로
안전지대(역장)에서
공동체 생활을 시작하면서
교정 시간을 갖게 되면서
한반도를 중심으로 새로운 정신문명이
펼쳐질 것입니다.

이곳을 알려주는 하늘의 약속과 증표가
미륵 신앙이 갖는 우주적 진실입니다.

재난 속에서
환란 속에서

안전한 곳은
봉황이 있으며 미륵 부처가 모셔져 있는 곳입니다.
그곳에 창조주의 직할 부대인
빛의 일꾼들인 아보날 그룹들이
인류들을 안내할 것입니다.
이곳에서 살아남은 인류들은
아보날의 수여를 통한
교정 시간을 거치면서
새하늘과 새땅에 맞는
새로운 의식을 깨우게 될 것입니다.
이곳에는 아보날 그룹인 빛의 일꾼들과
지하 문명인 텔로스에서
지구 인류들의 차원상승을 위해
육신을 입고 지상에서 활동 중인
지저인(地低人)들의 도움을 받게 될 것입니다.
이들의 정신문명들을 기반으로 하여
살아남은 인류들의 의식은
급속하게 깨어나게 될 것입니다.

새하늘과 새땅은
이렇게 이렇게
아무도 모르게
아무도 모르게
준비되고 있습니다.

당신에게 하늘은 무엇입니까?

인류는
하늘을 잃어버린 지 오래되었습니다.
하늘은
여러분들의 기도를 들어 주고
여러분들에게 복을 주기 위해
존재하지 않습니다.
하늘은 인간을 심판하거나 벌을 주기 위해
존재하지도 않습니다.
하늘은 천당과 지옥을 운영하지도 않습니다.

지구 대기권에 갇혀
우물 안에 갇혀
하늘을 잃어버린 인류들은
물질의 풍요로움 속에
물질에 대한 상대적 빈곤 속에서
진리를 찾는 인자들을 찾아볼 수 없으며
자신의 눈높이에 맞는
자신의 의식 수준에 맞는
오염된 하늘과 오염된 신들을 창조하면서
종교라는 매트릭스에 신을 가두어 버렸습니다.

하늘은 나에게 복을 주는 존재
나의 기도를 들어주는 존재로 추락시켰습니다.
신은 인간에게 두려움의 존재로
신은 인간의 죄를 심판하는 존재로

신은 천당과 지옥을 운영하면서
복채와 십일조를 거두어들이는
세속적인 신으로 박제화시켰습니다.

진리를 찾고자 하는 인자들이여
어디서 무엇을 하고 있는가?
진리를 구하고자 하는 수행자들이여
어디서 무엇을 얻고자 수행하고 있는가?
물질문명이 종결되고
새로운 문명의 시작을 앞두고 있는데
그대들은 어디서 무슨 기도를 하고 있으며
도대체 무엇을 위한 수행들을 하고 있는가?
들판에 곡식은 익어 가고 있는데
알곡과 쭉정이를 추수할 때가 되어
일꾼들을 모집하는 소집명령이 내려졌는데
하늘 사람들이여
그대들은 어디서 무엇을 하고 있는가?

하늘이 존재하는 이유를
그대는 진정 모른단 말입니까?
그대가 믿고 있는 종파적이고 정파적인 모습으로
왜 하늘과 신을 가두고 동일시하는 오류들을
멈추지 않고 있습니까?
특정한 민족 특정한 종교
특정한 인종 특별한 사람들을 위해서
하늘이 존재한다고 당신은 믿고 계십니까?

하늘을 잃어버린 당신에게 하늘이 묻습니다.
당신이 믿고 있는 하늘이

당신이 옳다고 믿는 하늘이
당신의 믿음과 신념들을 증거하기 위해
당신이 듣고 싶어하고
당신이 그렇게 믿고 싶어하는
하늘이 당신에게 필요한 것은 아닙니까?

하늘을 잃어버린 당신에게
하늘의 존재를 믿지 않는 당신에게
하늘을 너무 잘 안다고 생각하는 당신에게
내가 알고 있는 하늘이
하늘의 전부라고 생각하는 당신에게
당신의 눈높이에 맞고 당신의 입맛에 맞는 하늘이
진정한 하늘의 모습이 아니라는 것을
알려 주기 위해
당신이 하늘에 대해 가진
모든 편견과 인식의 틀을 바꾸기 위해
그런 당신에게 하늘이 준비한 선물이
당신과 인류 앞에 곧 펼쳐질 것입니다.

하늘을 잃어버린 당신에게
하늘에 대해 잘 알고 있다고 믿는 당신에게
지구 물질문명의 종결과
새로운 정신문명으로의 진입을 위해
신에 대해 하늘에 대해 인류가 가지고 있는
의식의 패러다임을 교정하기 위한
시간들이 오고 있습니다.
인류는 이 교정 시간을 거치는 동안에
하늘의 맨얼굴을 보게 될 것입니다.

진리를 찾지 않는 인자들과
진리를 찾을 필요가 없는 인자들과
진리가 필요 없다고 믿는 인자들과
물질에 밀려난 진리와
물질에 밀려난 사랑과
물질에 밀려난 모든 질서와 가치들을 교정하기 위한
피눈물 나는 격변들을 인류는 통과해야 하는
절체절명의 순간들이 다가올 것입니다.

하늘이 더 이상 내 기도를 들어주기 위해
존재하지 않는다는 것을 알 때까지
하늘이 내 가족의 복을 주기 위해
존재하지 않는다는 것을 알 때까지
기도와 수행의 시대가 끝났음을 알 때까지
하늘의 진짜 모습을 인류가 알 때까지
하늘은 하늘이 일하는 방식대로
인류들을 흔들어 깨울 것입니다.
하늘에 대한
신에 대한
오염되고 변질된 하늘의 모습이
본래의 모습으로 교정될 때까지
하늘은 가슴을 닫은 채로
하늘이 준비한 프로그램들을 집행할 것입니다.
교정 시간이 끝나고
인류의 의식이 확장되고
인류의 의식이 전체의식으로 복귀될 때
그때서야
행성 가이아 지구의 차원상승이 이루어진 것입니다.

하늘을 잃어버린 인류에게
하늘을 잘못 알고 있는 인류에게
우데카 팀장이 다음과 같이 묻습니다.

당신이 믿고 있는 하늘은 무엇입니까?

당신이 하늘이라면
지구의 물질문명을 어떻게 종결짓고
어떻게 새로운 정신문명을 열겠습니까?

당신에게 하늘은 왜 필요합니까?

당신에게 하늘이 필요는 있습니까?
진리는 어디에서 온다고 생각하십니까?

하늘이 인간의 두려움과 나약함을 이용해
화내고 겁주고 협박하고 천당과 지옥을 만들어서
인류에게 무엇인가를 요구하고 있다고 생각하십니까?

인류들은 교정 시간을 거치면서
위와 같은 질문들에 대한 답을
자기 스스로에게 하셔야 할 것입니다.
그 이후에야
새하늘과 새땅과 새로운 우주에서
당신은 우주 시민권을 획득하실 수 있을 것입니다.

여러분들의 건승을 빕니다.

당신은 왜 진리를 찾으십니까?

진리가 필요하십니까?
정말로 인류의 삶에 진리가 필요합니까?
물질문명의 정점에 있는 인류들에게
우데카 팀장이 묻습니다.
정말로
진실로 당신에게 진리가 필요하십니까?
더 많이 갖지 못해서 안타까워하고 있으며
더 많은 재물과 복을 구하는 당신에게
진리는 무엇에 쓰는 물건입니까?

진리가 필요하십니까?
진리는 목사님이 알려주고
진리는 모시는 스님이 잘 알려 주는데
진리는 늘 신부님의 말씀과 함께하고 있다고
믿고 있는 당신에게
새로운 진리가
당신은 필요하다고 믿고 계십니까?

당신은 왜 진리를 찾으십니까?
죽어서 가는 천당에 꼭 갈 수 있다는
확신이 필요해 진리를 찾고 계십니까?
당신은 이미 당신이 알고 있고
당신이 옳다고 믿고 있는 신념이 있는데
바람난 사람처럼 새로운 진리를 찾고 계십니까?
깨달음을 얻기 위해 진리가 필요하십니까?

자신의 꼬이고 꼬인 문제를 풀기 위해
하나도 되는 일도 없는
내 인생의 모순을 해결하기 위해
진리를 찾고 계십니까?
진리만 찾으면 당신의 모든 문제가
해결될 것이라고 믿고 계십니까?

당신이 찾고 있는 진리가
당신이 믿고 싶어하는 진리가
당신의 입맛에 맞는 진리가
세상 어딘가에 있을 것이라고 믿고
진리를 찾고 계십니까?

진리를 찾으신 적은 있으십니까?
우물 안에서 우물 안을 넓혀 보려는
낭만이 가득한 사람의 마음으로
좋은 이야기만 하고 좋은 말만 하는
미사여구가 가득한 진리를 찾고 있습니까?
아니면 내 눈높이에 꼭 맞고
보편타당하고 누구나 인정하는
진리를 찾아 헤매는 보통사람의 눈높이에 맞는
보통사람의 진리를 찾고 있으십니까?

진리가 있다고 믿기는 믿고 있습니까?
진리는 성경(불경) 속에
모두 다 들어 있는데
굳이 이곳저곳을 기웃거리지 마시고
오직 하나의 진리
오직 하나만의 진리를

절대적인 진리만을 믿고 있는 인류들에게
새로운 진리는 필요 없는 것 아닙니까?
인류는 물질문명의 정점에서
물질의 풍요로움보다 더 소중한
새로운 진리가 필요하기는 한 것입니까?

이미 성경 속에
이미 불경 속에 충분히 있는데
왜 진리를 찾으러 다니십니까?
이미 당신은 수많은 타인들을
분별하고 판단하고 심판하면서
더 이상 새로운 진리가 필요하다고 생각하십니까?

진리가 왜 필요하십니까?
당신의 생각을 정당화하고
당신의 행동을 정당화시키기 위해
진리가 필요하신 것입니까?

진리가 무엇이라고 생각하십니까?
옛 어른들의 속담에
'말로는 3천만 명을 먹이고도 남는다'
3천만 명을 먹이고도 남을 재주를 지닌
그런 진리를 말하는 사람을 찾고 계십니까?

성인을 찾고 계십니까?
내 기도를 들어 줄
우리 가족의 행복을 지켜 줄
위대한 신을 숭배하고 계십니까?
부처님이

수많은 불보살들이
인자하고 사랑이 넘치시는 예수님이
내 기도를 반드시 들어줄 거라고 믿고 있는
신앙심이 깊은 당신에게
진리가 필요하시긴 하십니까?

나를 도와 줄
우리를 어려움과 재난에서 도와 줄
우리 인류를 대재앙에서 구해 줄
성경 속의 예수님과
불경 속의 부처님을 기다리는
인류들의 간절한 기도 속에
우주의 진리는 무엇이고
우주의 진리가 필요하기는 한지 묻고 싶습니다.

인류는 하늘을 잃어버린지 오래되었습니다.
진리를 찾는 기도보다는
물질적 풍요를 기원하는 기도가
더 간절한 기도가 되어 버린지 오래되었습니다.
우데카 팀장이 여러분에게 묻습니다.
진리가 있기는 있습니까?
진리가 왜 당신에게 필요하십니까?
진리를 찾고 있는 당신이 있다면
당신은 왜 무엇 때문에 무엇을 하려고
어디에 진리를 쓰려고 그토록 간절히
진리를 찾고 있습니까?
그 진리가 어디에 있다고 믿고 있습니까?
하늘에 진리가 있다고 믿고 계십니까?
그 하늘도 물질에 오염되어 있는

당신의 눈높이에 맞는 하늘을 정해 놓고
그곳에서 진리를 찾아서
어디에 쓰시고자 하십니까?

진리를 찾는 모든 분들에게
진리가 있다고 믿고 있는 분들에게
진리가 하늘에 있다고 믿는 분들에게
진리가 성경에 있다고 믿는 분들에게
진리가 불경에 있다고 믿는 분들에게
수행과 기도를 통해 진리를 찾는 분들에게
절대적인 진리만을 고집하는 분들에게
우데카 팀장이 묻습니다.

진리를 찾아 무엇을 하려 하십니까?
당신에게 진리는 무엇입니까?
당신에게 진리가 도대체 왜 필요하십니까?

무엇이 그리 두려우십니까?

두려우십니까?
무엇이 그리 두려우십니까?
문밖에서 하루가 다르게 심각하게 펼쳐지는
자연재해가 두려우십니까?
하늘이 울고 땅이 요동치는 이유가
신의 분노라고
신의 심판이라고 두려워하고 있습니까?
한 치 앞도 보이지 않는 대공황 속에서
가진 것을 모두 잃을까 두려우십니까?

깨달음을 얻어 인류를 구하겠다는
당신의 거룩한 마음은 어디로 사라지고
9시 뉴스를 들으며 지금 두려워하고 계십니까?
서릿발 같은 기상으로
타인을 판단하고
타인을 분별하고
타인을 심판하던
당신의 그 당당함은 어디로 가고
눈앞에 펼쳐지는 변화 앞에 두려움에 떨고 계십니까?

당신이 그토록
사이비라고 이단자라고 사탄이라고
비난하고 조롱하던 이들이 바라는
세상이 올까봐 두려우십니까?
아직도 당신은

당신의 눈앞에 펼쳐지고 있는 현실이
몇몇 나쁜 인간의 무리들이 꾸민 것이라고
순진하게 믿고 계십니까?
인류가 그동안 한 번도 경험하지 못한
대재앙을 보면서
당신은 누구를 두려워하고 있습니까?

당신이 그토록 간절하게 그리워하고
당신이 그토록 간절하게 만나고 싶어하고
당신이 진실한 마음으로
그토록 부르고 매달렸던
경전 속의 위대한 신들이
당신의 기도를 들어주지 않을까봐 두려우십니까?

무엇이 그리 두려우십니까?
당신은 오랫동안 하늘을 향해
사랑지체*가 되겠다고
내 이웃을 내 몸처럼 사랑하겠다고
늘 기도하며
하늘을 가슴에 품고 또 품지 않으셨습니까?
그런데 무엇이 그리 두려우십니까?
조건 없이 모든 사람을 사랑하겠다고
조건 없는 사랑을 실천하겠다던
그 굳은 맹세와 기도는 어디 가고
누구나 다 겪고 있는 현실 앞에
당신 또한 서 있을 뿐인데
무엇이 그리 두려워
당신은 지금 두려움에 떨고 있습니까?

사랑지체

사랑을 빼면 아무것도 남지 않는, 오직 사랑으로 가득찬 존재

두려움을 감추기 위해
많은 가면들을 쓰고
상처 받을까봐
상처 줄까봐
마음의 문을 닫은 채 우리들은
입으로만 사랑을 이야기하고 있습니다.
가슴속에 사랑을 잃어버린 사람은
하늘을 잃어버린 것과 같습니다.

두려우십니까?
무엇이 그렇게 두려우십니까?
남들 죽을 때 같이 죽으면 되지
남 죽을 때 살려고 해봤자 고생만 하지
이렇게 당당하게 말했던 당신의 모습은 어디 가고
쓰러지는 건물과 함께
자만과 오만들은 어디 가고 두려워하고 있습니까?

진짜 두려우십니까?
우데카 팀장은 사이비가 되는 것이 두렵거나
종교 사기꾼이 되는 것도 두렵지 않습니다.
아무것도 모르는 채
왜 이런 일이 일어나는지도 모르는 채
자신이 믿고 싶은 대로만 믿고
자신이 보고 싶은 것만 보고
귀를 막고 눈을 막은 채
거짓 선지자들에게 영혼의 주권을 맡기고
생명을 담보로
영적 진화를 담보로
의식이 잠들어 있는 채로

두려움에 갇혀 있는 인류를 보며
내가 아무것도 해줄 수 없다는 절망과 슬픔이
두려울 뿐입니다.

두려우십니까?
어디로 가면
누구를 만나면 되냐고 묻고 있습니까?
하늘을 잃어버린 인류에게
사랑을 잃어버린 인류에게
두려움은 피할 수 없는 운명입니다.

두렵습니까?
무엇이 두렵습니까?
깨어나지 못한 채
자신의 에고의 틀에 갇힌 채
과거의 인습의 틀에 갇힌 채
무엇이 일어나고 있는지
왜 이런 일이 일어나고 있는지
알아챔과 눈치챔 없이
의식의 깊은 잠을 자고 있는 인류들이
의식이 깨어나지 못한 당신이
우데카 팀장은 가장 두렵습니다.

두려우십니까?
진짜 두려운 것이 무엇인지는 알고 있습니까?
진짜 두려운 것이 있기는 있습니까?
의식이 깨어나는 만큼 두려움은 줄어들 것입니다.
공적인 사랑을 실천할수록
두려움은 줄어들 것입니다.

인명은 재천이라
좁은문으로 들어오는 인자만이
좁고도 좁은 하늘문을 두드리는 인자만이
두려움을 이겨낼 수 있을 것입니다.

깨달음을 향한 문도
하늘을 향한 문도
하늘이 무너졌을 때 솟아날 구멍도
당신의 외부에는 없습니다.
두려움을 견디어 내는 용기도
두려움을 사랑으로 전환하는 힘도
우주의 수레바퀴를 돌릴 수 있는 큰 힘도
오직 여러분의 내면(상위자아)에 있다는 것을
알려 드립니다.

경전 속의 신들은 나타나지 않을 것이며
여러분들의 기도는 공허한 메아리가 되어
되돌아올 것이며
인류가 진실이라고
진리라고 알고 있던 모든 것들은
모두 거짓으로 드러날 것입니다.
바늘구멍처럼 작은 구멍으로
하늘의 진리와 대우주의 진리는
소수의 깨어난 빛의 일꾼들을 통하여 전달될 것입니다.

진리가 너희를 자유케 하리라!

여러분들의 건승을 빕니다.

6부
진리가 너희를 자유케 하리라

진리를 찾지 않는 인자들과

진리를 찾을 필요가 없는 인자들과

진리가 필요 없다고 믿는 인자들과

물질에 밀려난 진리와

물질에 밀려난 사랑과

물질에 밀려난 모든 질서와 가치들을 교정하기 위한

피눈물 나는 격변들을 통과해야 하는

절체절명의 순간들이 다가올 것입니다

창조주 역시 진화하는 존재입니다

우주는 창조주의 에너지로서 펼쳐졌습니다.
18차원은 창조주들의 세계입니다.
창조주께서 대우주를 관리하기 위하여
스스로의 에너지를 분화하여
만물을 창조하기 이전에
18차원을 1단계에서부터 18단계로 펼치셨습니다.
일반 대중들이 알고 있는 조물주는
18차원 18단계에 계시는 분을 말합니다.
이분을 인류들은 하나님 또는
창조근원 또는 창조주라고 합니다.

창조주께서 우주를 펼칠 때
자신의 에너지를 5개의 진동수의 영역으로
먼저 나누셨습니다.

1번째 : (18차원 18단계)
창조주 그 자체 에너지이며
가장 맑고 순수한 에너지입니다.
불교에서는 비로자나 또는 미륵이라고 하며
창조근원이라고 합니다.
16차원의 대영 중 1주영의 모태가 됩니다.
14차원의 대천사 가브리엘의 모태가 됩니다.
12차원의 가브리엘 대천사의 모태가 됩니다.

2번째 분화 : (18차원 17단계)

첫 번째보다는 낮은 진동수이며
우주를 관리하기 위해 분화하셨습니다.
이분을 무한영이라 하며 우주에서 빛을 상징합니다.
성경에서는 알파라고 표현되어 있습니다.
불교에서는 노사나불이라 합니다.
우주의 삼위일체 중 한 분이십니다.
16차원의 대영 중 2주영의 모태가 됩니다.
14차원의 대천사 미카엘의 모태가 됩니다.
12차원의 미카엘 대천사의 모태가 됩니다.

3번째 분화 : (18차원 16단계)
두 번째보다 낮은 진동수이며
우주를 관리하기 위해 분화하셨습니다.
이분을 우주아버지라고 하며
우주의 남성성을 상징합니다.
중간계 역할을 맡고 있습니다.
우주의 삼위일체 중 한 분이십니다.
16차원의 대영중 3주영의 모태가 됩니다.
14차원의 대천사 자드키엘의 모태가 됩니다.
12차원의 자드키엘 대천사의 모태가 됩니다.

4번째 분화 : (18차원 15단계)
3번째 보다 낮은 진동수이며
우주를 관리하기 위해 분화하셨습니다.
이분은 어둠이나 암흑의 영역을 담당합니다.
우주의 어둠을 상징합니다.
성경에서는 오메가로 표현하였습니다.
16차원의 대영 중 4주영의 모태가 됩니다.
14차원의 대천사 유리엘의 모태가 됩니다.

12차원의 유리엘 대천사의 모태가 됩니다.

5번째 분화 : (18차원 14단계)
4번째 보다 낮은 진동수이며
우주를 관리하기 위해 분화하셨습니다.
이분은 대우주의 여성성을 상징하며
만물의 어머니이며 사랑과 자비와 연민을 상징합니다.
이분을 영원어머니라고 합니다.
우주의 삼위일체 중 한 분입니다.
16차원의 대영 중 5주영이 됩니다.
14차원의 대천사 하니엘의 모태가 됩니다.
12차원의 하니엘 대천사의 모태가 됩니다.

6번째 분화부터는
다섯 가지의 큰 에너지를 조합하여
다양한 층위를 창조하는데
이들은 대우주를 운영하는데 필요한
전문화된 관리자 그룹들을 관리하는
최고 관리자 그룹들을 창조하십니다.
우주의 다양성을 위해 다양한 에너지의 층위를 가진
존재들이 창조됩니다.

그 원리는 다음과 같습니다.

6번째 분화	18차원 13단계
	창조근원 에너지(1번) + 무한영 에너지(2번) = 6번째 창조주
	우주에서 명칭 '은하 무한 관리자'
	14차원 대천사 메타트론의 모태

7번째 분화	18차원 12단계
	창조근원 에너지(1번) + 우주아버지 에너지(3번) = 7번째 창조주
	우주에서 명칭 '삼위일체 최상위의 비밀'
	14차원 대천사 사무엘의 모태
8번째 분화	18차원 11단계
	창조근원 에너지(1번) + 영원어머니 에너지(5번) = 8번째 창조주
	우주에서 명칭 '영원으로 계신이'
	14차원 대천사 라미엘의 모태
9번째 분화	18차원 10단계
	무한영 에너지(2번) + 우주아버지 에너지(3번) = 9번째 창조주
	우주에서 명칭 '옛적부터 계신이'
	14차원 대천사 라파엘의 모태
10번째 분화	18차원 9단계
	무한영 에너지(2번) + 영원어머니 에너지(5번) = 10번째 창조주
	우주에서 명칭 '완전으로 계신이'
	14차원 대천사 아즈리엘의 모태
11번째 분화	18차원 8단계
	우주아버지 에너지(3번) + 영원어머니 에너지(5번) = 11번째 창조주
	우주에서 명칭 '요즘으로 계신이'
	14차원 대천사 카무엘의 모태

12번째 분화	18차원 7단계
	창조근원(1번) + 무한영(2번) + 우주아버지(3번) = 12번째 창조주
	우주에서 명칭 '연합으로 계신이'
	14차원 대천사 에레니엘의 모태
13번째 분화	18차원 6단계
	창조근원(1번) + 무한영(2번) + 영원어머니(5번) = 13번째 창조주
	우주에서 명칭 '청정으로 계신이'
	14차원 13번째 대천사 그룹의 모태
14번째 분화	18차원 5단계
	창조근원(1번) + 우주아버지(3번) + 영원어머니(5번) = 14번째 창조주
	우주에서 명칭 '지혜의 완전자'
	14차원 14번째 대천사 그룹의 모태
15번째 분화	18차원 4단계
	무한영(2번) + 우주아버지(3번) + 영원어머니(5번) = 15번째 창조주
	우주에서 명칭 '신성한 조언자'
	14차원 15번째 대천사 그룹의 모태
16번째 분화	18차원 3단계
	창조근원(1번) + 무한영(2번) + 우주아버지(3번) + 영원어머니(5번) = 16번째 창조주
	우주에서 명칭 '우주 검열자'

17번째 분화	18차원 2단계
	창조근원(1번) + 무한영(2번) + 우주아버지(3번) + 어둠(4번) = 17번째 창조주
	우주에서 명칭 '삼위일체 교사들'
18번째 분화	18차원 1단계
	창조근원(1번) +무한영(2번) +우주아버지(3번) + 어둠(4번) + 영원어머니(5번) = 18번째 창조주
	우주에서 명칭 '삼위일체화 존재들'

18차원은 창조주들의 세계입니다.
파라다이스에 존재하는 분들이며
대우주를 관리하는 총 컨트롤타워입니다.
16차원과 17차원과 18차원은 각 차원별로 18단계로
나누어져 있으며 무극의 세계❖입니다.
차원에 따라 에너지의 크기는 다르지만
모두 동일한 12주영들의 보좌를 받으며
대우주의 전체의식 속에서 존재하고 있습니다.

> **무극의 세계**
> 천지 만물의 생성근원이 된 분리가 없는 하나의 상태로 18차원의 대우주를 기준으로 16~18차원에 해당함.
> 12~15차원은 태극의 세계, 1~11차원은 삼태극의 세계라 함

18차원의 18단계에 있는
창조근원은 대우주의 주재자입니다.
18차원 18단계 창조근원의 에너지 크기는
18차원에 분화하신 1단계에서부터 17단계의
창조주들의 에너지를
모두 합쳐도 일부분에 지나지 않습니다.
창조근원은 대우주에 존재하는
에너지의 총합이라고 할 수 있습니다.
창조주의 세계를 인간의 언어로 표현하는데
많은 어려움들이 있었습니다.

창조주께서는 스스로 진화하는 존재입니다.
가장 앞장서서 창조를 하시고 계십니다.
창조주는 고정된 실체가 아니며
불완전해서 부족함을 채우기 위해
진화하는 존재가 아닙니다.
창조의 원리에 의해 확장되는 것입니다.
에너지의 법칙에 의해 공간 속에 공간을 창조하듯
시간 속에 시간을 창조하고 계신 것입니다.

부분의 총합은 전체이며
전체는 부분으로 나눌 수 있습니다.
창조라 함은
에너지의 창조이며 에너지의 변형이며
에너지의 연금술인 것입니다.

여러분 영혼들의 진화가 곧 창조주의 진화입니다.
여러분들은 창조주의 에너지를 가지고
창조주의 신성과 사랑을 표현하는 있는
에너지 연금술사입니다.
여러분들은 자신의 의식의 층위에서
우주의 창조 원리를 배우고 체험하고 있는
창조주의 분신들입니다.
창조주는 스스로 진화하는 존재입니다.
이것이 대우주가 진화하는 원리이며
존재하는 이유입니다.

12지파 형성 원리와 상징 분석

18차원은 창조주의 세계입니다.
17차원은 지역우주 창조주들의 세계입니다.
16차원은 대영들의 세계입니다.
15차원은 지역우주 관리자들의 세계입니다.
14차원은 대천사들의 세계이며
13차원은 행성 관리자 그룹입니다.
12차원은 아보날 그룹과 데이날 그룹과
상품 천사들의 세계입니다.

15차원 우주의 기본 변화의 수는 12입니다.
18차원 우주의 기본 변화의 수는 15입니다.

제 1지파 : 가브리엘 지파
　　　　　창조주의 에너지(1주영 에너지)로만 구성
제 2지파 : 미카엘 지파
　　　　　무한영(알파)의 에너지(2주영 에너지)로만 구성
제 3지파 : 자드키엘 지파
　　　　　우주아버지 에너지(3주영 에너지)로 구성
제 4지파 : 유리엘 지파
　　　　　오메가의 에너지(4주영 에너지)로 구성
제 5지파 : 하니엘 지파
　　　　　영원어머니 에너지(5주영 에너지)로 구성
제 6지파 ~ 제 12지파 :
　　　　　1주영~5주영의 에너지 조합으로 구성

제 1지파 가브리엘 지파	창조근원 에너지로만 구성	
	1주영의 에너지로만 구성	
	상징색 ☐ 흰색	
	상징물 : 비둘기	
	성경 표현 : 단 지파	
제 2지파 미카엘 지파	무한영(알파)의 에너지로 구성	
	2주영의 에너지로 구성	
	상징색 ■ 파랑	
	상징물 : 청룡	
	성경 표현 : 베나민 지파	
제 3지파 자드키엘 지파	우주아버지 에너지로 구성	
	3주영의 에너지로 구성	
	상징색 ■ 보라색	
	상징물 : 표범	
	성경 표현 : 스불론 지파	
제 4지파 유리엘 지파	오메가의 에너지로 구성	
	4주영의 에너지로 구성	
	상징색 ■ 검은색	
	상징물 : 코끼리	
	성경 표현 : 레위 지파	
제 5지파 하니엘 지파	영원어머니 에너지로 구성	
	5주영의 에너지로 구성	
	상징색 ■ 붉은보라(자주색)	
	상징물 : 공작	
	성경 표현 : 갓 지파	

제 6지파 메타트론 지파	1주영 + 2주영 에너지로 구성
	상징색 　　　　 녹색
	상징물 : 고래
	성경 표현 : 루우벤 지파
제 7지파 사무엘 지파	1주영 + 3주영 에너지로 구성
	상징색 　　　　 연두색
	상징물 : 곰
	성경 표현 : 납달리 지파
제 8지파 라미엘 지파	1주영 + 5주영의 에너지로 구성
	상징색 　　　　 주황색
	상징물 : 사자
	성경 표현 : 시므온 지파
제 9지파 라파엘 지파	2주영 + 3주영 에너지로 구성
	상징색 　　　　 빨간색
	상징물 : 불새
	성경 표현 : 앗셀 지파
제 10지파 아즈리엘 지파	2주영 + 5주영 에너지로 구성
	상징색 　　　　 갈색
	상징물 : 검은독수리
	성경 표현 : 요셉 지파
제 11지파 카무엘 지파	3주영 + 5주영 에너지로 구성
	상징색 　　　　 하늘색
	상징물 : 원숭이
	성경 표현 : 앗시갈 지파
제 12지파 에레니엘 지파	1주영 + 2주영 + 3주영 에너지로 구성
	상징색 　　　　 황금색
	상징물 : 고니(백조)
	성경 표현 : 유다 지파

그룹영혼
영이 분화할 때 하나의 부모영을 공유하는 자녀 영들의 그룹.
이들은 12지파 중 같은 지파에 속하게 됨

12지파는 같은 에너지 파장으로 분류한
인류의 12가지 패턴입니다.
모두 창조주의 에너지에서 나왔지만
빛의 파장은 12가지로 다르게 분화되었으며
이것은 영혼의 분화 과정상
같은 그룹영혼✧을 구분하는데
중요한 역할을 하게 됩니다.
앞으로 지구 차원상승 과정에서
역장이 설치되어 공동체 생활을 하게 될 때
12지파 단위로 모여
공동체 생활을 해야 합니다.
자기가 속한 지파별로 모여 생활하고
지파별로 일들을 수행해야 하는
과정들이 남아 있습니다.
역장에서는
12지파별로 나누어 생활을 하게 될 것입니다.

그렇게 될 것이며
그렇게 예정되어 있으며
그렇게 될 것입니다.

인류 문명의 기원과 단지파

레무리아와 문명과 아틀란티스 문명이 멸망한 후
지구 행성에는 새로운 문명을 열기 위한
하늘의 실험들이 있었습니다.
지구 행성에서 창조주의 원대한 계획이 담긴
거대한 프로젝트가 진행되었습니다.
지구 행성은 우주의 6번째 주기를 마감하고
우주의 7번째 주기를 열기 위한
우주의 실험행성과 종자행성으로 선정되었습니다.
우주의 카르마들을 지구에 펼쳐 놓고
우주의 카르마들을 해소하기 위해
카르마의 당사자들을 모두 지구 행성에 모아 놓고
가해자는 피해자가 되고 피해자는 가해자가 되면서
우주의 카르마들을 해소하기 위해
새로운 휴머노이드형인 호모 사피엔스 인종을 통한
지구 행성의 역사가 시작되었습니다.

호모 사피엔스 모델은
초기와 중기, 현재 모델로 구별됩니다.
약 9만 년 전에 호모 사피엔스
초기 모델들을 통한 실험이 있었습니다.
호모 사피엔스 중간 모델은
약 6만 년 전쯤 시험되었습니다.
이때가 상고사에 나오는 7분의 환인 시대에서
환웅들이 세운 배달국까지 적용되었습니다.
호모 사피엔스 최신형은 단군왕검의 시대부터

시작하여 현재까지 적용되었습니다.

호모 사피엔스의 최종 외투에 12지파들의
영혼들이 들어와서 인류 문명이 펼쳐졌습니다.
12지파 중에 창조주의 순수한 에너지(진동수)를
원형 그대로 가지고 있는 인자들을
단지파라고 합니다.
12지파 중 창조주의 에너지를 원형 그대로
가장 많이 보존한 제 1지파는
지구 문명을 주도하는 역할들이 주어졌으며
창조주의 에너지 일부를 가진
제 6, 7, 8지파에게는 주요 협력자 그룹이나
중간관리자 역할이 주어졌습니다.
창조주의 에너지가 가장 적게 포함된
제 12지파들에게는 하급 관리 역할이 주어집니다.
12지파 모두에게는
지파별로 역할과 임무가 부여되었습니다.
창조주의 순수한 에너지를 가진 단지파들에게는
지구 문질문명을 주도적으로 열어가도록 하는
역할과 임무가 창조주로부터 부여되었습니다.

호모 사피엔스를 통한 아담과 이브 프로젝트는
한반도에 있는 전라남도 광주 무등산 일대에서
시작되었습니다.
현생 인류 문명의 기원은 한반도 남쪽입니다.
32쌍의 아담과 이브 프로젝트를
순차적으로 진행하게 됩니다.
호모 사피엔스 초기 모델들의 시험은
약 9만 년전에 시작되어 3만 년 동안 지속되었습니다.

이들 인종은 크게 번창하지 못하였으며
세계 곳곳에 흔적의 일부만이 남아 있습니다.
호모 사피엔스 중기 모델을 가지고
본격적인 12쌍의 아담과 이브 프로젝트가
시작되었습니다.
호모 사피엔스 중기 모델들은
12지파들 각각의 에너지와 유전자를 가진
12쌍의 아담과 이브로 구성되었습니다.
이들은 우주선에 의해 세계 곳곳에 동시에
전세계에 입식되었습니다.
이들은 초기 모델의 단점들을 많이 보완하였지만
대부분 명맥만 이어갔으며
문명을 크게 이루지는 못하였습니다.
12쌍 중에 제 1지파인 단지파만이
지금의 중앙아시아와 천산산맥 일대에서
문명을 크게 이루었습니다.
이들이 한민족의 조상이라고 알려져 있는
환문명이였으며 환국✛이었습니다.

호모 사피엔스 최종 모델은
배달국✛의 마지막 시기에 도입되었으며
아담과 이브 20쌍이 12지파들 중에서 선발되어
시간을 두고 한반도를 떠나 세계 곳곳으로
하늘의 정교한 계획에 의해
인류의 이동이 시작되었습니다.
12지파 중에서 선별된 20쌍의 아담과 이브 중에
순수 단지파는 3쌍이었습니다.
8쌍은 단지파의 일부 에너지를 가졌으며
9쌍은 단지파가 아닌 다른 지파들에서

환국
우리 민족의 기원이라고 알려져 있는 고대국가이며, 기원전 7천여 년 전에 아시아 지역을 중심으로 12국가를 통치했다고 고기(古記)를 통해 전해지는 제국.
환제국의 임금을 환인이라 부름

배달국
기원전 4천여 년 전에 아시아 지역을 중심으로 전 세계를 통치한 국가.
환제국을 이은 국가이며, 배달국 이후에는 고조선이 뒤를 이음

선정되었습니다.
창조주의 순수한 에너지와 순수 혈통을 지닌
3쌍의 아담과 이브들은
시간이 흐르면서 잘 번성해 나갔습니다.
이들 3쌍에 의해 고대 4대 문명 중
메소포타미아 문명과 인더스 문명과 황하 문명을
그 후손들이 열게 되었습니다.
이집트 문명은 단지파의 에너지를 일부 가진 8쌍 중
제 7지파의 후손들에 의해 건설되었습니다.
성경에 알려진 아담과 이브 역시
호모 사피엔스 최신형 모델의 순수 단지파 세 쌍 중에
한 쌍이 에덴동산으로 이동하였으며
이들 단지파 후손들은 서양 문명의 기원이 되었습니다.

인류 문명의 기원은 한반도입니다.
한반도에서 이주한 아담과 이브들에 의해
세계 문명은 시작되었습니다.
민족의 핵심 리더 그룹들과
문명을 일으켰던 중심인물들
나라를 건설했던 핵심 인물들과 리더들은
창조주의 순수한 에너지를 많이 가지고 있는
제 1지파인 단지파를 중심으로
지구 행성에 펼쳐졌습니다.
이것은 창조주의 의지였으며
처음부터 창조주의 뜻이 있었습니다.
상고 시대부터 고대 시대의 문명의 중심에
한민족을 중심으로 한 단지파가 핵심이었습니다.
서양 문명의 중심 또한
단지파들이 중심이 되어 펼쳐졌습니다.

지구 역사상에서 정신문명과 영성의 시대의 중심에
단지파들이 자리잡고 있습니다.
석가모니 부처님과 예수님 역시
단지파의 후손들이었습니다.
공자님을 비롯한 성인들 또한 단지파의 후손들입니다.
단지파들은 행성의 문명을 열어 나가고
문화와 문명을 꽃피우는 역할이
창조주로부터 주어졌습니다.

예수님의 탄생 이후 역사 시대가 시작되면서
물질 생산력이 증가되어
인구가 급증하게 되면서 물질문명이 발달하고
사회 구조가 고도화되었습니다.
순수 단지파들 중심으로 영혼의 신성함을 믿으며
만물에 창조주의 신성함이 들어 있다고 믿어 왔던
영성의 시대는 급속도로 쇠퇴하기 시작했습니다.
그 이후 서양의 문명은
물질 중심의 문명이 펼쳐졌습니다.
권력의 중심 또한 바뀌게 되었습니다.
권력의 핵심부는 제 1지파에서
단지파 중 창조근원의 에너지가 가장 적고
비교적 낮은 지위에 있었던 12번째 지파인
유다지파에게 문명의 주도권을 내어주고
역사의 뒤안길로 사라지게 됩니다.
큰형님이 막내에게 문명의 주도권을
우연을 가장한 하늘의 계획에 의해
유대인들에게 물려주게 되었습니다.
유다지파 역시 단지파이며 하늘의 천손 민족입니다.
서양의 물질문명의 중심에는 유대인들이 있습니다.

이들은 물질적인 부를 축적하였으며
축적한 부를 통하여 장막 뒤에서 움직이면서
그림자 정부의 중심축을 이루고 있습니다.
지구 행성을 보이지 않는 손을 통해
경영하고 있는 핵심 세력이 되었습니다.

지구의 차원상승이 갖는 의미는 다음과 같습니다.
단지파의 막내인 유대인 중심의 물질문명을 종결하고
단지파의 중심인 제 1지파 중심으로
정신문명을 열고자 하는 창조주의 의지인 것입니다.
단지파의 중심에 한민족이 있습니다.
한민족을 중심으로 한반도를 중심으로
동이족을 중심으로
지구 차원상승은 이루어질 것입니다.
지구 차원상승 후 세계는
한민족을 중심으로 재편될 것입니다.

한반도에서 시작한 문명이 지구를 돌고 돌아서
한반도에서 결자해지하는 것이며
수많은 인고의 역사를 마무리하고
수많은 아픔의 세월들을 뒤로 하고
매듭을 맺은 자가 매듭을 푸는 것이
결자해지이며 원시반본✢인 것입니다.
이것은 우주의 순리이기 때문이며
이것은 창조주의 의지이기 때문입니다.
후천의 정신문명이 한민족을 중심으로
전 세계에 펼쳐질 것입니다.
그 중심에 빛의 일꾼들 중 단지파들이
약 15% 정도 준비되어 있습니다.

> **원시반본(原始反本)**
> 모든 것은 그 시작한 근본으로 다시 돌아간다는 뜻

단지파들은
지구 차원상승 과정에서
핵심 역할을 수행하게 될 것입니다.

이제는 때가 되어
의식이 깨어나고 있는 인자들과
깨어나고 있는 빛의 일꾼들을 위해
그동안 감추어 두었던
한민족의 역사와 단지파의 비밀들을
시절인연이 되어 우데카 팀장이 전합니다.

인류 문명의 기원

환 문명
호모 사피엔스 중기 모델 중 단지파가 중앙아시아와 천산산맥 일대에서 환국을 세우고 크게 문명을 이룸

고대 4대 문명
B.C.4,000~B.C.3,000년 경 호모 사피엔스 최종 모델이 건설한 인류 문명
순수 단지파 3쌍의 후손들이 건설한 아시아 대륙의 메소포타미아 문명(티그리스·유프라테스강), 인더스 문명(인도 인더스강), 황하문명(중국 황하강), 제 7지파의 후손이 건설한 아프리카 대륙의 이집트 문명(나일강)

영성의 시대와 종교의 시대

뮤 대륙(무- Mu-)
한때 남태평양에 존재하여 150만~200만 년 전 호모 하빌리스 인종이 무(뮤) 문명을 꽃피웠으나 바다 속으로 침몰해 사라졌다고 전해지는 대륙

레무리아 문명
정신문명이 발달한 호모 에렉투스 인종의 문명으로 대륙의 침몰과 함께 사라짐

아틀란티스 문명
물질문명이 발달한 호모 에렉투스 인종의 문명이며 핵전쟁으로 붕괴됨.
아틀란티스 문명을 이룬 대륙은 대서양에 존재했다가 바닷속으로 침몰했다고 알려짐

뮤 대륙✤은 호모 하빌리스가 이룬 문명이었으며
뮤 대륙의 멸망 이후 레무리아와 아틀란티스 문명이
지구에서 화려하게 펼쳐집니다.
레무리아 문명✤은
영성의 시대와 정신문명을 꽃피우게 됩니다.
아틀란티스 문명은 물질문명의 꽃을 피우다
꽃이 지듯 핵전쟁으로 멸망하게 됩니다.
레무리아와 아틀란티스 문명✤의 인종은
주로 호모 에렉투스였으며
후반부에는 네안데르탈인이었습니다.
레무리아 대륙의 침몰과
아틀란티스 문명의 붕괴가 있은 후
새하늘과 새땅에서 호모 사피엔스를 통한
새로운 실험이 시작됩니다.

호모 사피엔스를 통한
아담과 이브 프로젝트가 한반도의
광주 무등산 일대를 중심으로 펼쳐지게 됩니다.
아담과 이브 프로젝트는 총 32쌍이
시간을 두고 지구 곳곳에 이식되었습니다.
이들 중 일부가 성경에 나오는 아담과 이브였으며
에덴동산으로 인류의 이동 결과
서양 문명의 기원이 됩니다.
한반도에서 시작된
호모 사피엔스를 통한 인류의 역사는

약 6만 년의 역사를 가지고 있습니다.
호모 사피엔스를 통한
아담과 이브 프로젝트가 시행되면서
지구에는 영성의 시대가 펼쳐집니다.
영성의 시대가 성립하려면
다음과 같은 조건이 충족되어야 합니다.

첫째, 여성 중심주의 사회이며
　　　여성의 인권이 보호되는 사회이며
　　　인구가 많지 않고 소규모 부족들을
　　　중심으로 출현하게 됩니다.
둘째, 하늘과의 상시적인 교류가 있어야 합니다.
셋째, 자연에 대한 감사와 신에 대한 감사로
　　　충만되어 살아가고 있어야 합니다.
　　　신에 대한 두려움보다는
　　　감사와 축복 속에 있으며
　　　대우주의 전체의식과 함께하고 있습니다.
넷째, 평균 수명이 최소 200세는 넘어야 합니다.
다섯째, 육체노동이 중심이 아닌
　　　정신적 가치를 중요시하며 자연 속에서
　　　창조주의 신성을 느끼고 표현하는 것이
　　　삶의 목적이며 삶의 축복이라는 의식 속에
　　　있어야 합니다.

아담과 이브 프로젝트는 한반도에서 시작되어
시간이 지나면서 인류들의 이동과 함께
전 세계적으로 퍼져 나갔습니다.
호모 사피엔스를 통한 아담과 이브 프로젝트는
영혼이 신성하다는 것과

모든 만물은 창조주의 신성을 표현하고 있다는
영성의 시대를 열었으며
이를 바탕으로 정신문명을 열게 되었습니다.

영성의 시대는
환인천제 7인 시대에 정점을 이루었으며
환웅 배달국의 18대를 거치는 동안
주변의 4대 고대 문명 발생에
핵심적인 역할을 하였습니다.
단군왕검 47대를 거치면서
하늘과의 소통이 처음만큼은 아니지만
영성의 명맥만은 이어져 왔습니다.
인간과 하늘과의 소통과 교감은
물질문명들이 발전할수록 쇠퇴하게 됩니다.
하늘과의 교류가 줄어들수록
신에 대한 두려움이 증가할수록
자연에 대한 감사와 신성이 줄어들수록
영성의 시대가 쇠퇴할수록
인간의 수명은 급속도로 줄어들게 됩니다.

마지막 단군이 강화도 마니산에서
하늘과의 교류가 끊어지기 직전
마지막 제사를 올리던 시기가 기원전 250년쯤입니다.
한반도에서 순수한 영성의 시기는
6천 년쯤 유지되었습니다.
창조주의 지구 프로젝트의 핵심인
한민족이 중심인 단지파들이
한반도에 47대 단군을 지나
경북 안동 개목사 일대를 중심으로 한

여인왕국으로 이어져 왔습니다.
여인왕국이 멸망한 후에
한반도의 영성 시대는
공식적인 역사에서는 자취를 감추게 되었으며
문화 전반으로 흡수되어 없어지지 않고
그 명맥들을 이어 왔습니다.
여인왕국의 멸망과 함께
영성의 시대는 쇠퇴하기 시작하면서
한반도에도 신에 대한 두려움에 근거를 둔
종교의 시대가 열리게 되었습니다.

지구 행성의 물질 매트릭스를 설치하고
운영하는 하늘의 입장에서는
영성의 시대가 지나면서
새로운 종교 매트릭스 설치의 필요성이 대두됩니다.
하늘을 잃어버리고 있는 인류들을 위해
하늘과의 소통이 점점 끊어지고 있는 인류들을 위해
창조주의 신성을 잃어버리고 살아가고 있는
인류들을 위해
네바돈 우주의 창조주인 네바도니아 어머니를
직접 지구 행성으로 보내게 됩니다.
잃어버린 하늘을 되찾으라고
자녀들의 영혼들의 여행을 위해
네바돈 우주의 창조주인 네바도니아 어머니께서
석가모니 부처님이라는 이름으로
우주적 진리를 전하기 위해 육신의 옷을 입고
지구를 방문하게 됩니다.

하늘을 잃어버린 자녀들(인류)은

석가모니 부처님을 통해
네바돈 우주의 창조주인 네바도니아 어머니를 통해
대우주의 진리를 접할 수 있게 되었습니다.
이렇게 하여 하늘의 진리는 끊어지지 않고
영성의 신성함의 자리에
모든 만물은 창조주의 신성을 표현하는 것이며
모든 영혼은 신성하다는 것을 믿고 있는
영성 시대의 가치들을 대신하여
우주적 진리를 담은 불교 사상과 철학들이
인류에게 전해지게 됩니다.

석가모니 부처님을 통한 불교의 철학은
우주적 진리와 우주 창조의 원리와
대우주의 법칙들을 추상적으로 담아내고 있습니다.
하늘을 잃어버린 인류에게
하늘이 있는지조차 모르는 인류에게
하늘의 존재가 필요 없는 인류에게
빠른 속도로 물질화되고 있는 인류에게
불교 철학과 사상은 등불과도 같았습니다.
이것은 인류들의 영적 성장을 위한
하늘의 배려였으며
하늘이 그 당시 인류의 의식에 맞추어
설치한 종교 매트릭스입니다.
석가모니 부처님이 탄생한
기원전 1,000년쯤 인류의 의식은
영성 시대의 초기와는 매우 다르게 변질되었으며
그 본질을 너무 많이 잃어버렸습니다.
그러나 소수의 부족들 사이에서
소수의 의식이 깨어난 인자들 사이에서

하늘과의 소통이 완전하게 끊어지지 않은 채
영성시대의 원형들 중 일부는 잘 보존되고 있었습니다.

도구의 발달로 인한 농업 생산력의 증가는
인구의 폭발적인 증가를 가져왔습니다.
그 결과 인류들은
사유재산을 통해 부를 축적하였으며
그 부를 통해 물질적인 풍요로움과
육체가 주는 향락과 쾌락을 즐기기 시작합니다.
그로 인하여 하늘과의 소통이 점점 더 막히고
단절되어 갔습니다.
물질화되는 속도는 더욱더 빨라졌습니다.
하늘과의 소통의 단절이 길어질수록
인류들은 하늘을 잃어버렸으며
그만큼 신에 대한 두려움이 커져만 갔습니다.
하늘을 잃어버리지 말라고
보이지 않는 하늘을 기억하라고
영혼이 물질 체험을 하는데
하늘의 존재를 잊지 말라고
하늘은 천 년 후에
네바돈 우주의 창조주인 예수님을
지상에 다시 내려 보내게 됩니다.
인류의 가슴에서 잃어버린 하늘을 되살리기 위해
네바돈 우주의 창조주께서 직접 육신의 옷을 입고
자신의 자녀들을 위해
예수라는 이름으로 이 땅에 오셨습니다.

예수님의 탄생을
우주에서는 제로 포인트*라고 말합니다.

제로포인트
2천 년 전 예수님의 탄생 이후 창조근원께서 예수님의 육신에 워크인하여 3년 반 동안 동행하며 활동하신 시기.
지구는 7주기 대우주의 중심이 되는 실험행성으로서 이때 이미 15차원에서 18차원으로 변경되었으며, 대우주의 모든 기준점들이 지구를 중심으로 영점(zero) 조정이 이루어짐

> **그노시스 학파(영지주의 靈知主義, 그노시즘 Gnosticism)**
>
> 그노시스란 영적인 앎이라는 뜻이며, 이것을 통해 인간의 참된 기원이 지고한 신성에 있다는 것을 깨닫고자 하는 종교 운동의 분파.
> 윤회를 믿고 여신숭배와 고대 신비주의 철학까지 폭넓게 수용하며, 인간도 신과 하나가 될 수 있다고 믿고 예수님은 신인의 표본으로 인간은 모두 예수님처럼 될 수 있다고 가르침
>
> **에세네파(Essenes)**
>
> 예수 시대 유대교의 한 갈래로 영지주의적인 성격이 강함

이때부터 15차원의 우주가 18차원 우주로
지구에서 먼저 펼쳐 보였기 때문입니다.
예수님 십자가 사건 이후 예수님의 제자들을 통해
그노시스 학파✦에 의해
에세네파✦들에 의해
영혼의 신성함을 믿는 영성의 시대가
부활되었습니다.
예수님의 초기 가르침은
윤회를 믿고 따르는 가르침들이 성경 외 복음서인
도마복음과 마리아복음서 등을 중심으로
대중들에게 퍼져 나가게 됩니다.
창조주의 신성으로 인간이 창조되었음을
믿는 사상들이 초대 교회를 중심으로
퍼져 나가기 시작하였습니다.
새로운 영성의 시대가 예수님 사후
2백 년 동안 펼쳐졌습니다.

예수님의 탄생을 기점으로
인구의 급증을 가져오게 됩니다.
사회는 복잡하게 되었으며
하나둘씩 명문화된 법률들이 증가하기 시작했으며
전문직들이 사회 곳곳에 나타나
자리 잡기 시작하였습니다.
물질문명으로의 대전환이 이루어졌으며
영성의 시대는 급격하게 퇴보하게 되었습니다.
예수님의 탄생 이후 2백 년이 지나면서
영성 시대가 급격하게 위축되었습니다.
경쟁의 시대가 시작된 것이며
과학의 시대가 시작된 것이며

학문의 시대가 시작된 것입니다.
남성 중심주의 시대가 시작된 것입니다.
인간의 두려움에 근거를 둔
종교의 시대가 본격 시작되었습니다.

영성의 시대를 주도했던 영지주의들이
제도화된 종교 세력(교황)들에 배척되었으며
창조주의 신성으로 영혼이 탄생되었다는
영성의 가치들은 사라지고
인간은 태어나면서 원죄를 지은
존재들로 추락하게 됩니다.
윤회를 가르치던 초대 교회들의 사상과
영성을 담고 있던 마리아복음과
도마복음과 같은 복음서들은 모두
성경 66권에 포함되지 못하면서 금기시되었습니다.
성경 66권에 들어가지 못한 복음서들은
이단으로 몰리면서 서양에서는 영성의 시대가
공식적으로 사라지게 되었습니다.

영혼의 신성함을 믿고 있었으며
영지주의 정신을 믿었던 영성인들과
초대 교회의 정신을 계승한 인자들은
박해를 피해 지하로 숨어들었습니다.
지구 행성을 물질이 중심이 되는
물질 세상으로 만들기 위한 어둠의 역할자들이
대성공을 거두게 되면서 교리와 논리를 내세우는
종교의 시대가 본격 시작되었습니다.
세속적인 종교인들에게
직업적인 종교인들에게

창조주의 신성함을 이야기하고
대지의 신성함을 이야기하고
영혼의 신성함을 이야기하는 영지주의자들은
눈엣가시가 되었습니다.
이들을 제거하기 위해 마녀를 빙자하여
영혼의 신성함을 믿고 있던
영성인들을 찾아내 죽여 버리게 됩니다.
어둠의 시대
종교의 권위가 황제의 권위보다 높은 암흑의 시대에
수많은 여성들이 아무 이유도 없이
마녀로 몰려 살해되었습니다.
중세의 마녀사냥✢을 끝으로
서양의 영성 시대는 끝나게 됩니다.

그 이후에 기독교 사상은
영혼의 신성함과 창조주의 신성함을 표현하는
내용이 담긴 모든 것들은 이단시되었습니다.
모든 영혼은 신성하다는 영지주의 사상은
아담과 이브의 원죄론으로 대체되었으며
윤회 사상은
천국과 연옥과 지옥으로 대체되었습니다.
교회는 세속적인 복을 주는
기복 신앙을 위해 기도하는 장소로 변했으며
내 가족의 건강과 행복을 기원하는 장소로
추락하게 됩니다.

하늘을 잃어버린 인류들은
자신들의 눈높이에 맞도록
예수님의 뜻을 교묘하게 왜곡하였으며

마녀사냥(魔女-)
15~17C 기독교 권력 강화를 위해 행해진 이교도 재판과 처형 등 광기적 현상.
공동체 내에서 출산과 질병 치료, 주술적 기능을 수행하며 인간 초월적 능력을 지닌 신비로운 존재로 여겨진 사람들을 악마의 유혹에 넘어가 신앙과 공동체에 해악을 끼치는 존재 즉 마녀, 마법사라고 낙인찍어 20만~50만 명을 처형함 인류의 눈높이에 맞는 신을 창조하였습니다.
인류의 두려움에 근거를 둔 신을 창조하였습니다.
감정을 가지고 있으며
인간의 자유의지를 제약하고
모든 인간은 태어날 때부터
죄인으로 태어난다고 가르치고 있습니다.
인간의 선과 악을 심판하고
인간에게 제물을 원하는 신으로
인간에게 믿음을 강요하는 신으로
천국과 지옥을 만들어 두려움을 주어
제도화되고 권력화된 신을
인류 스스로 창조하였습니다.
그 안에 갇혀 평생 죄인으로 살아가도록
인간의 자유의지를 종교의 틀 속에
가두게 하였습니다.
영성 시대에서는 있을 수 없는
영성 시대에서는 도저히 상상할 수 없는
화를 내고 벌을 주고 심판하는
인격신으로 하늘을 추락시켰습니다.
직업적인 종교인들이 등장하였으며
하늘은 신성을 잃고 교리 속에 갇히게 되었으며
언어 속에 갇히고 논리 속에 갇히게 되었습니다.

인류들은 250만 년 동안 수많은 윤회를 거치면서
지구 행성에 설치한 다양한 종교 매트릭스라는
장애물을 통과하면서 영혼의 신성함을 배웠으며
모든 만물은 창조주의 신성으로 창조되었다는
우주적 진리들을
거짓 종교 매트릭스들을 경험하고 체험하면서

진실을 찾는 과정의 삶들을 살아 왔습니다.
인류들은 자신의 의식 수준에 맞는
신들을 찾아 다녔으며
자신의 눈높이에 맞는 신을 숭배하며
늘 자신이 믿고 있는 신이
서로 최고라고 여기며 살아 왔습니다.
영혼들은 자신의 영혼의 진화 과정에 맞는
물질 체험을 통해 짙은 어둠속에서 빛을 찾고
하늘이 숨겨 놓은 진리를 찾는 여행을 통해
충분히 성장할 수 있었습니다.
그래도 부족한 영혼들은 금성에서
지구와 같은 물질 체험을 무대를 옮겨
다시 시작할 예정입니다.

이제는 때가 되어 물질문명을 종결짓고
여성 중심의 새로운 정신문명을 시작하기 위한
행정적 절차의 집행을 앞두고 있습니다.
이것을 지구 행성의 차원상승이라 합니다.
낡은 종교 매트릭스들을 해체하기 위해
낡은 정치제도를 해체하기 위해
하늘의 진리로부터
오염된 모든 것들을 정화하기 위해
물질 중심의 모든 문화와 과학 문명들을
새로운 정신문명으로 포맷하기 위해
지축의 정립(극이동)을 통하여
모든 물질문명을 종결(리셋)할 것입니다.

그때가 지금입니다.
새로운 정신문명의 모태는 레무리아 문명입니다.

지구 행성의 진화 타임라인에 맞추어
고도로 발달한 우주의 정신문명들이
순차적으로 지구 행성에 도입될 예정입니다.
지축의 정립 후에 살아남은 인류들은
하늘이 설치한 안전지대(역장)에서
아보날 그룹과의 교정 시간을 거치게 될 것입니다.
지구의 새로운 정신문명은
1만 2천 년 전 레무리아인들이 세운
지하 문명들을 기반으로
여성 중심의 새로운 정신문명이
새하늘과 새땅에서 펼쳐질 것입니다.

그렇게 될 것이며
그렇게 예정되어 있으며
그렇게 되었습니다.

인류의 진화 과정

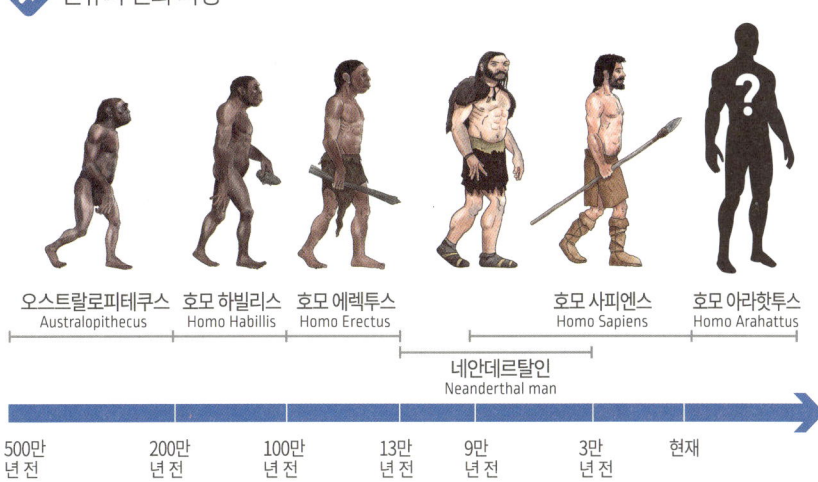

빛의 일꾼들의 우주적 신분과 구성

빛의 일꾼 144,000명들은
세 그룹으로 이루어져 있습니다.
단지파와 데이날 그룹과
일반 빛의 일꾼 그룹으로 구성되어 있습니다.
단지파 약 15%
데이날 그룹은 약 15%
일반 빛의 일꾼이 70% 정도입니다.

단지파들은
창조근원 (18차원 18단계)의 에너지 분화로
탄생되었습니다.
단지파들은 세 그룹으로 구성되어 있습니다.
문관 그룹인 멜기세덱 그룹이 있으며
무관 그룹인 아보날 그룹이 있으며
창조주 패밀리 그룹이 있습니다.

단지파 중 멜기세덱 그룹은
행성의 문명을 여는 역할이 있으며
문관의 역할입니다.
민족이나 부족의 시조들의 역할을 하며
종교와 사상가들이 이들 그룹에서 나오며
인류의 문화와 역사를 설계하고 펼치는 역할입니다.
지구 차원상승 과정에서
아마겟돈의 과정에서
잘못된 종교의 교리들을 바로잡는

역할이 있습니다.
대중 강연을 하고 있으며
유명인으로 활동하고 있는 경우가 많습니다.
채널링 메시지나 영성 관련 책들을
편찬하는 역할이 있습니다.
데이날 그룹에 비해
전문적인 계몽 활동을 수행합니다.
주요 종교 지도자들은 멜기세덱 그룹입니다.
문화와 문명을 펼치는 중심에 있으며
문명 체인저와 게임 체인저 역할을 맡고 있습니다.
멜기세덱 그룹들에게는
지구 차원상승 과정에서 타임라인에 따라
우주적 진리들이 전달될 예정입니다.
창조주의 친위 조직으로 알파(시작)와 같은
역할이 있습니다.
비둘기가 단지파의 상징입니다.
예수님과 부처님과 관련된 상징물 등에
비둘기들이 있는 것은 이분들이
단지파라는 것을 알려 주고 있습니다.

단지파 중 아보날 그룹은
창조주의 우주 통치를 뒷받침하는
군인 조직이며 우주의 군인들입니다.
모든 행성 문명의 물질문명을 종결할 때
마지막 때에 우주 군인으로서
창조주를 보좌하는 역할이 있습니다.
이것을 아보날의 수여라고 합니다.
역장의 설치와 운영을 통해
행성의 문명을 교정하는 역할과

문명 종결자로서의 역할이 있습니다.
몬조론손으로 알려져 있습니다.
역장의 최고 책임자들입니다.
역장 안에서
역장의 질서를 유지하고 시시비비를 가리는
치안 판사 업무를 맡으며
상승하는 영혼들의 교육과 치료 업무를
수행하게 됩니다.

단지파 중 창조주 패밀리 그룹은
창조근원의 특수 에너지 분화로 탄생되었습니다.
네바돈 우주의 창조주인
크라이스트 마이클로 알려진 C.M. 아톤은 17차원
15차원의 법화림 보살과 대묘상 보살은
네바돈 우주 항성계를 관리하는 역할
13차원의 관세음 보살과 관자재 보살은
네바돈 우주에 있는 모든 행성들을
관리하는 역할로 만물의 어머니라고 합니다.
11차원의 물질세계의 최고 관리자
9차원 천상정부 고위위원회
최고 관리자인 옥황상제
7차원의 천상정부 최고 관리자
5차원의 영계(천계)의 최고 관리자
이 모두를 합쳐 칠성여래✢ 또는 칠성불이라 합니다.
네바돈 우주의 최고 관리자들이며
행성 가이아와 항성 가이아들의 최고 관리자입니다.
네바돈 우주는 창조주 직계 패밀리 그룹에 의해
운영되고 있습니다.
단지파들 중에서도 핵심 중에 핵심입니다.

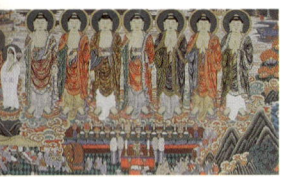

칠성여래(七星如來)
북두칠성을 신격화한 성신(星神).
북두칠성의 일곱 별들은 네바돈 우주 각 차원의 최고 관리자이며 창조주의 빛이 네바돈 우주로 들어오는 빛의 통로이자 스타게이트(출입문) 역할을 함

데이날 그룹은
18차원 2단계의 창조주의 에너지 분화입니다.
이들은 영의 분화를 통해
14차원과 12차원에서 하강한 빛의 일꾼들입니다.
역장 안에서 아보날 그룹과의 협력 속에서
인류의 의식을 깨우는 역할을 수행하며
이들을 삼위일체 교사들이라고 합니다.
이들은 주로 현장에서 교사들이 많으며
역장 안에서 인류들을 교육하는 업무를
수행하게 될 것입니다.

일반 빛의 일꾼들은
단지파와 데이날 그룹들을 제외한
대부분의 빛의 일꾼들을 말합니다.
12지파 중 단지파를 제외한
나머지 지파들로 구성되어 있습니다.
12차원에서 15차원의 태극의 세계에서
관리자 그룹들입니다.

빛의 일꾼들은
12차원에서 17차원에 존재하는
우주 최고의 관리자 그룹들 중에서
250만 년 전에 선발되었습니다.
지구 행성에 자신들의 우주의 십자가를 지고
우주적 카르마들을 펼쳐 놓은 장본인입니다.
빛의 일꾼들은
각자 우주의 십자가와 우주의 카르마를 지고
지구 행성에 들어왔습니다.
빛의 일꾼들은

원시반본의 정신에 따라
결자해지하고 결초보은하는 심정으로
자신에게 주어진 역할과 임무를 다해야 하는
의무가 있으며 책임이 있습니다.

빛의 일꾼은
우주 최고의 관리자 그룹이며
우주 최고의 군인들이며
우주를 책임지고 경영하는 최고 경영진이며
은하의 최고 책임자들입니다.
항성과 행성의 최고 책임자들로 구성되어 있습니다.
빛의 일꾼들은 우주의 부모입니다.
자녀들의 졸업식에 도우미로
축하 사절단으로 온 손님입니다.
졸업식이 있는 지구에
차원상승이 있는 지구 행성에
특수 임무와 역할을 맡고 온
우주 최고의 행정 관료들입니다.

빛의 일꾼들은 우주의 자산이며
이 우주의 미래입니다.
빛의 일꾼들의 건승을 빕니다.

그렇게 될 것이며
그렇게 예정되어 있으며
그렇게 되었습니다.

✨ 빛의 일꾼 구성비율

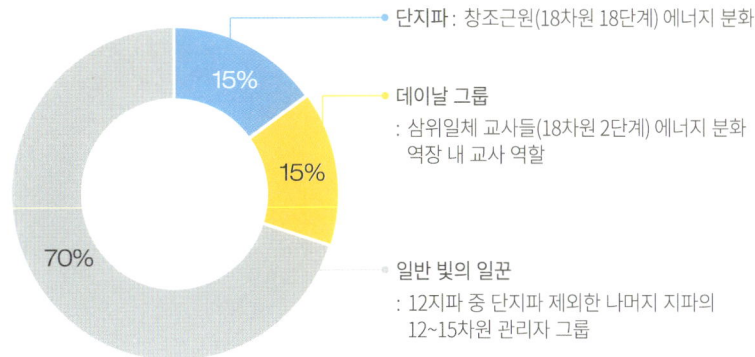

- 단지파 : 창조근원(18차원 18단계) 에너지 분화
- 데이날 그룹
  : 삼위일체 교사들(18차원 2단계) 에너지 분화 역장 내 교사 역할
- 일반 빛의 일꾼
  : 12지파 중 단지파 제외한 나머지 지파의 12~15차원 관리자 그룹

단지파 구성

멜기세덱 그룹	문관 역할	행성의 문명을 여는 역할 문화, 사상, 종교를 펼치며 우주의 진리 전달
아보날 그룹	무관 역할	행성의 문명을 종결할 때 군인 역할 역장 최고 책임자
창조주 패밀리 그룹	단지파 중에서도 핵심 역할	네바돈 우주의 차원별 최고 관리자들 행성과 항성 가이아들의 최고 관리자

하늘이 원하는 빛의 일꾼

하늘은 다음과 같은
빛의 일꾼들을 원하고 있습니다.

빛의 일꾼들은
남자도 아니며 여자도 아니며
누군가의 엄마도 아니며
누구의 아빠도 아닙니다.

빛의 일꾼들은
누구의 아내도 아니며
누구의 남편도 아니며
누구의 아들도 아니며
누구의 딸도 아닙니다.

빛의 일꾼들은
누구의 친구도 아니며
누구의 애인도 아니며
누구의 사람도 아니며
누구의 형제자매도 아닙니다.

빛의 일꾼들은 하늘의 군인이며
하늘의 일을 하러 온 일꾼이며
하늘을 닮은 하늘 사람들입니다.

빛의 일꾼들은 가슴을 닫고

하늘이 알곡과 쭉정이를 구별해 놓은 들판에서
알곡만을 추수해야 하는
충실한 추수꾼들입니다.

빛의 일꾼들은
모든 것을 알 필요도 없으며
모든 것을 알지도 못한 채
자신에게 주어진 임무와 역할만을 수행하는
자신의 퍼즐만을 맞추면 되는
맞춤형 일꾼입니다.

빛의 일꾼들은 하늘 사람이기에
가장 낮은 곳에서 편할 줄 알아야 하며
가장 낮은 곳에서도 자신을 감출 줄 알아야 합니다.

빛의 일꾼들은
완장을 차고 타인을 가르치고
타인에게 명령을 하며
자신을 드러내고
자신의 에고를 만족시키기 위해
하늘의 일을 하지 않습니다.

빛의 일꾼들은 자신의 삶의 무게와
진실의 무게와 진리의 무게를
견디어 낼 수 있어야 하는 인자들이어야 합니다.

빛의 일꾼들의 건승을 빕니다.

성인불인(聖人不仁)

성인은 인자하지 않습니다.
성인은 사사로움이 없기에
모든 일에 인자할 수만은 없습니다.

성인은 친절하지 않습니다.
성인은 하늘의 성품을 닮았기에
인간의 에고를 만족시켜 주면서
인간의 눈높이에서 친절하게 설명하며
자신을 드러내지 않습니다.
자연은 비바람이 몰아칠 때가 있고
화창하게 맑은 날이 있으며
무서리와 된서리가 내리는 때가 있듯
성인은 시절인연에 따라
성인은 시대정신을 실현하기 위해
뜨거움과 냉정함으로
사사로움이 없이 일을 처리할 뿐입니다.
성인은 하늘을 닮았기에
친절하지 않습니다.

성인은 잘생기지 않았습니다.
수행자들 사이에 알려져 있는
기혈의 흐름이 막혀 생기는
푸른 눈동자를 가지지 않았으며
수염을 길러 도사 흉내를 내지도 않습니다.
연예인을 닮지도 않았으며

아이돌이나 영화배우처럼 인기도 없습니다.
성인은 땅의 성품을 닮았기에
대지의 어머니가 모든 것을 품고 기르듯
모든 것을 수용합니다.
아름다운 것과 추한 것을 구분하지 않으며
좋은 것과 나쁜 것의 구분도 하지 않으며
옳고 그름의 판단을 넘어선
어머니의 마음으로 세상을 볼 뿐입니다.
성인은 맛깔스럽게 생긴 찐빵의 모습으로
때가 되면 무더기로 인류 앞에 드러날 것입니다.

성인은 고상하지도 않습니다.
성인은 근엄하지도 않습니다.
성인은 자연을 닮았기에
자연은 변화 속에서 자신을 드러낼 뿐입니다.
자연은 한 가지의 모습으로
자신을 드러내지 않습니다.
자연은 혼돈 속에 질서가 있고
자연은 질서 속에 혼돈이 있습니다.
성인은 자연을 닮았기에
고정된 하나의 모습이나 상으로
종교의 경전에 나오는 근엄한 모습으로
자신을 드러내지 않습니다.
성인은 자연을 닮았기에
꾸미지도 않으며
포장하지도 않으며
조화와 균형 속에서
있는 그대로의 모습을 보여줄 뿐입니다.

성인은 오른쪽 뺨을 때리면
절대로 왼쪽 뺨을 대주지 않습니다.
성인은 시시비비를 가리지 않으며
성인은 판단 속에 머물지 않기에
왼쪽 뺨을 맞으면
오른쪽 뺨을 내어줄 필요가 없습니다.
성인은 오른쪽 뺨과 왼쪽 뺨을 동시에 맞으면
촌철살인과 같은 말씀으로
물이 흐르듯 그 흐름과 함께할 것입니다.

성인은 높은 곳에 있지 않습니다.
성인은 하늘에서 높은 신분에 있기에
땅에서 굳이 높은 자리에 있을 필요가 없습니다.
성인은 하늘에서 명령을 내리는 위치에 있기에
땅에서는 가장 낮은 곳에서
자신의 임무와 역할만을 수행할 뿐입니다.
성인은 하늘의 주인이기에
땅에서는 인류를 섬기는 머슴의 모습으로
아무도 모르게
자신의 모습을 감춘 채
자신의 모습을 숨긴 채
땅의 눈높이에 맞추어 일하지 않습니다.
하늘의 일들을
하늘의 일하는 방식으로
하늘의 일을 하다가 갈 뿐입니다.

성인은 전지전능하지 않습니다.
성인이 인간의 육신을 입고 오는 이유는
인류 문명의 발전 속도에 맞추어

인류의 의식 수준에 맞추어
인류의 눈높이에 맞추어
정신문명과 물질문명의 균형을 맞추기 위해
새로운 매트릭스를 설치할 필요가 있을 때에
성인이 오는 것입니다.
하늘은 행성의 물질문명의 매트릭스들을 관리하고
유지해야 하는 의무가 있습니다.
이것은 하늘의 고유 임무이기 때문입니다.

성인은 전지전능할 필요가 없습니다.
성인은 인류에게 두려움을 심어주어
숭배의 대상이 되는 것을 원하지 않기 때문입니다.
성인은 인류에게 신비감을 심어주어
종교의 교주가 되는 것을 원하지 않기 때문입니다.
성인은 인류에게 전달할
하늘의 진리의 내용에 최적화되어
인간의 육신을 입고 살면서
진리를 펼치다 갈 뿐입니다.

성인은 모든 방면에 뛰어나지도 않습니다.
성인은 하늘과의 소통 속에 있기에
자신이 운반하기로 되어 있는
하늘의 소식만을 전하고 가면 되는 것이기에
많은 재능이 필요 없으며
평범한 옆집 아줌마와 옆집 아저씨로
인류와 동행하며 자신의 역할과 임무만
수행하고 가면 되는 존재라는 것을 알고 있기에
많은 능력들이 필요하지 않습니다.

성인은 인류의 눈높이에 맞는
땅의 일들을 해결하러 오지 않습니다.
성인은 많은 사람이 존경하는
영웅이 되기 위해 오지 않습니다.
성인은 오직
하늘의 계획과 하늘의 뜻을
땅에 펼치러 올 뿐입니다.
땅에 필요한 맞춤형 해법을 찾아주기 위해
영웅이 되려고 땅에 오지 않습니다.
하늘의 계획과 땅의 펼쳐짐이 맞닿은 곳에
성인의 역할과 임무가 있기 때문입니다.

성인은 옆집 아줌마와 옆집 아저씨의 모습으로
인류들과 함께 살고 있습니다.
성인들은
지구 행성의 물질문명을 종결하는
문명 종결자로서
일만 이천 도통군자로서
빛의 일꾼으로서
신들의 귀환이
지금 지구 행성의 차원상승 타임라인에 맞추어
대활령으로 설설히 내리고 있으며
지상에서 준비되고 훈련되어지고 있습니다.

가짜 성인과 진짜 성인를 구별하고
가짜 빛의 일꾼들과 진짜 빛의 일꾼들을
구별하는 일만이
아무것도 모르고 의식이 잠들어 있는
인류에게 주어진 슬픈 운명이자 숙명입니다.

영웅은 수많은 사람들의 목숨을 죽이지만
성인은 만인을 살리러 옵니다.
대자연의 변화와 함께
만인성불의 시대와
만인 성자의 시대가 오고 있습니다.
인류가 한 번도 경험하지 못한
지축의 정립 이후의 대혼란을 수습하기 위해
하늘은 빛의 일꾼들과 성인들을 준비해 놓았습니다.
대혼란과 대혼돈 속에서
인류들은 자신들의 문제를 해결해 줄
영웅들을 기다릴 것입니다.
그러나 그런 영웅들은 나타나지 않을 것입니다.
지구 행성의 물질문명을 종결하는
문명 종결자의 역할과 임무를 가진
빛의 일꾼들의 모습으로
성인들은 출현할 것입니다.
빛의 일꾼(신들의 귀환)들과
지구 위를 걸었던 수많은 성인들이
옆집 아줌마와 옆집 아저씨의 모습으로
귀환을 앞두고 있습니다.

여러분들의 건승을 빕니다.

그렇게 될 것이며
그렇게 예정되어 있으며
그렇게 되었습니다.

성주풀이

대활령(大活靈)
고차원에 존재하며 커다란 에너지를 가진 신성한 영. 성령

성주 = 북극성주 = 북극성 = 창조주 = 쌍봉황
= 자미원 = 제비원 = 대활령✤

성주풀이는
우주 창조의 비밀을 이야기하고 있습니다.

성주풀이는
마지막 때에 문명을 종결하기 위해
하늘에서 강림하는 신을 표현한 노래입니다.
빛의 일꾼들이 완성되는 모습과
도통군자로 알려져 있는 문명 종결자와
미륵이 출현하는 모습을
대활령으로 설설히✤ 내리소서로
표현하였습니다.

설설히
활달하고 시원시원하게

성주는 북극성주의 줄임말입니다.
북극성주는 북극성의 주인을 말하는 것이며
북극성은 무극의 세계를 말하는 것입니다.
북극성은 천시원(16차원)과 태미원(17차원)과
자미원(18차원) 3개로 구성되어 있습니다.
자미원은 우주의 주재자인
창조주가 머물고 계신 곳을 말합니다.
성주는 창조주를 말하는 것입니다.
성주풀이의 노랫말에서
쌍봉황으로 대활령으로 표현되어 있습니다.

세상 만물을 창조하고
우주를 창조하고
우주의 수레바퀴를 굴리는 존재
비로자나 = 미륵 부처 = 창조주입니다.

세상 만물은
창조주께서 자신의 에너지를 분화하여
창조되었음을
똑바로 알라고
그것을 잊지 말라고
그것을 기억하라고
노랫가락으로
우리 조상들이 후손들에게 물려준 것입니다.
세상 만물은
창조주께서 주신
성주 = 모나드❖ = 창조주의 신성을
모두가 가지고 있다는 것을 말하는 것입니다.

성주를 모신다 함은
우주의 창조주께 감사를 드리는 것이며
성주를 모신다 함은
창조주께서 나와 함께
동행하고 있다는 것을 의미합니다.
성주를 모신다 함은
나는 창조주로부터 창조된
창조주의 신성을 지닌 자녀들임을
알고 있다는 것을 상징하는 것입니다.

성주풀이에 등장하는

모나드(monad)
만물의 영적 근원.
모든 존재의 기본이 되며 무엇으로도 나눌 수 없는 비물질적이고 궁극적인 실체

경북 안동의 제비원은
무극의 자미원이
삼태극의 물질세계에서는
제왕 제(帝)자에 날 비(飛)자
즉 제왕의 새라는 것을 의미합니다.
제왕의 새는 봉황입니다.
봉황은 미륵의 출현입니다.
안동의 제비원은
봉황이 제비로 축소되어 표현된
자미원의 3차원식 표현입니다.

라(Ra) 문명은 이집트 문명을 열었던
시리우스인들이었습니다.
삼국 시대의 신라(新羅)는
동양에서 새로운(신 新) 라(Ra) 문명을 열었던
신라의 왕족들은 북방에서 이주해왔습니다.
낙양성✢에서 화려한 고대 국가들을
건설했던 주체가 우리 조상들이었음을
성주풀이의 노랫말이 알려주고 있습니다.

자미원에 계시는 창조주께서
물질문명이 종결되는 마지막 때에
문명 종결자인 빛의 일꾼들과 함께
일만 이천 도통군자들과 함께
대활령으로 이 땅에 오실 때
눈이 오듯 설설히 내려오신다고 표현하고 있습니다.
창조주와 빛의 일꾼들의 신인합일의 모습을
최종 상위자아 합일이 되는 모습을
성주풀이에서 비유적으로 암시해 놓은 것입니다.

낙양성(洛陽城)
중국 한·위 및 수·당 시대
(B.C.206~907)의 수도

안동은 경북 지방
미륵 신앙의 중심지입니다.
북극성에는 3개의 차원이 존재합니다.
16차원의 대영들과
17차원의 지역 우주 창조주들과
지구가 속해 있는
네바돈 우주의 창조주들이 있습니다.
18차원에 존재하는 창조주가 계십니다.
이들이 모두 대활령으로서
마지막 때에
인간의 육신을 입은 호모 사피엔스의 몸에
신인합일의 방법으로
대영이 인간의 몸에 들어온다는 의미입니다.
빛의 생명나무에서는
최종 상위자아 합일이라고 합니다.
북극성에 계시는 대신들과 대영들이
대활령으로 인간의 몸에 들어와
미륵이 되고 일만 이천 도통군자가 되고
144,000 빛의 일꾼이 되는
장엄한 순간들을 성주풀이 노랫가락에서
'대활령(대활연)으로 설설히 내리소서'로
표현하였습니다.

지금까지 성주의 의미는
집을 지을 때 상량식을 할 때
성주를 모신다는 의미로
제사상에 성주상을 모신다는 의미로
조상신의 의미로 축소되어
그 의미를 잃어버리고 있었습니다.

이제는 때가 되어
우데카 팀장이 시절인연이 있는 인자들과
깨어나는 빛의 일꾼들을 위해
성주풀이의 우주적 의미를 전합니다.

성주는
미륵의 출현이며
일만 이천 도통군자들의 출현이며
빛의 일꾼 144,000명의 출현이며
이들은 신인합일과
최종 상위자아 합일을 의미합니다.
2016년 9월 22일 현재
대활령으로 신인합일을 이룬 빛의 일꾼은
144,000명 중 86% 정도이며
지축의 정립과 함께
천지개벽이 시작될 것입니다.

그때가 임박하였으며
그때가 지금입니다.

그렇게 될 것이며
그렇게 예정되어 있으며
그렇게 되었습니다.

성주풀이

에라 만수(萬壽) 에라 대신(大神)이야
대활령(大活靈)으로 설설히 나리소서

이댁 성주는 와가(瓦家)성주 저택 성주는 초가(草家)성주
한댁 안에 공댁(共宅)성주
초년 성주 이년 성주 스물 일곱에 삼년 성주
서른 일곱 사년 성주 마지막 성주는 쉰 일곱이로다

대활령으로 설설히 나리소서

반갑네 반가워 설리춘풍(雪裏春風)이 반가워
더디도다 더디도다 한양행차가 더디어
남원 옥중 추절(秋節)이 들어
이화춘풍(梨花春風)이 날 살렸구나

에라 만수 에라 대신이야
대활령으로 설설히 나리소서

성주야 성주로구나 성주 근본이 어디메뇨
경상도 안동땅의 제비원의 솔씨 받아
봉동산에 던졌더니마는 그 솔이 점점 자라나서
황장목(黃腸木)이 되었구나 도리기둥이 되었네
낙락장송(落落長松)이 쩍 벌어졌구나

대활령으로 설설히 나리소서

왕왕헌 왕왕헌 북소리는 태평연월(太平烟月)을 자랑하고
둘이 부는 피리 소리 쌍봉황이 춤을 추고
소상반죽(瀟湘斑竹) 젓대소리 어깨춤이 절로 나누나

에라 만수 에라 대신이야
대활령으로 설설히 나리소서

물질의 창조 원리와 전체의식

태초에 빛이 있었습니다.
태초에 말씀(소리)이 있었습니다.
빛과 소리는 어둠에서 나왔습니다.
빛과 어둠의 세계, 음과 양의 세계를
태극의 세계라고 합니다.

음과 양의 세계 빛과 소리의 세계를
관음의 세계 또는
관세음(觀世音)의 세계라고도 합니다.
관세음의 세계에서 빛과 소리에서
창조주의 말씀(권능)으로
물질세상이 펼쳐졌습니다.

물질세계는 비물질세계인
빛과 소리에서 기원하였습니다.
빛과 소리(관음의 세계)에
창조주의 말씀(의지=신)이 더해져
정기신(精氣神)❖으로 확장이 되었습니다.
물질세상의 삼라만상은
정기신과 영혼백의 삼태극 구성 원리에 의해
펼쳐졌습니다.

정기신의 원리에 의해
무생물인 광물들이 창조되었습니다.
낮은 진동수를 가진 식물들이 창조되었습니다.

> 정기신(精氣神)
> 물질을 구성하는 3요소. 삼신(三神). 이 책에서 물질의 창조원리가 밝혀지기 전까지는 동양사상에서 인간을 구성하는 3요소를 이르는 용어로 사용되어 옴

영혼백의 원리에 의해
의식을 가진 생명체들이 탄생되었습니다.
높은 진동수를 가진
높은 의식을 구현할 수 있는 동물들과
휴머노이드형에 이르기까지
다양한 의식의 층위를 구현할 수 있는 생명체들이
우주의 주기에 맞추어 다양하게 창조되었습니다.

정(精)은 모든 물질의 기본 원료이며
물질이 형성되기 전에 정(페르미아)이
먼저 자리를 잡게 됩니다.
페르미온이라는
미립자와 소립자에 해당하는 에너지입니다.
페르미아 에너지는 물질의 최소단위이며
음과 양으로 되어 있습니다.
음은 원자핵에 해당되며
양은 전자에 해당됩니다.❖
만물의 기본이 되는 에너지를
우주에서는 페르미아라고 합니다.
페르미아(정)에 기(氣)라는 에너지가 추가되어
분자가 탄생이 됩니다.
분자(정기 精氣)에 창조주의 숨결이라 할 수 있는
생명운반자가 결합됨으로써
생명의 기본 단위인 세포가 탄생됩니다.
신(神)에 해당되는 에너지가
생명운반자이며 창조주 오메가에 의해 부여됩니다.
생명운반자를 신이라고 하며
생명은 정기신으로 되어 있습니다.

> **음은 원자핵에 해당되며 양은 전자에 해당됩니다**
>
> 현대과학에서는 전류가 +에서 -로 흐른다고 보는 관점에 기초하여 전자를 음(-), 원자핵을 양(+)으로 설명하고 있으나, 전자의 발견으로 실제의 흐름은 -에서 +로 이동한다는 것이 밝혀짐.
> +와 -는 에너지의 흐름을 정의하기 위한 개념이고 약속이기 때문에 이미 통용되는 대로 두어도 큰 문제는 없으나 근본적으로는 전자를 양(+) 원자핵을 음(-)으로 보는 것이 적합함

신(神)의 내용에 의해
물질마다 구현할 수 있는
의식의 층위가 달라지게 됩니다.
신의 작용에 의해 물질의 고유성이 나타나게 됩니다.
신은 정과 기를 통솔하며
물질을 창조한 창조주의 의지가 펼쳐질 수 있도록
컨트롤센터 역할을 맡고 있습니다.
만물이 존재하는 이유는
진화에 그 목적이 있습니다.
만물이 존재하는 이유는
더 높은 의식을 구현하는데 있습니다.

모든 만물들은 자신이 존재하는 모든 곳에서
자신이 처한 상황 속에서 최선을 다해
창조주의 의식을
창조주의 의지를
창조주의 사랑을
자기 의식 수준에서 펼쳐 보여주고 있습니다.
이것이 만물이 존재하는 이유이며
모든 만물은 창조주의 사랑을
자기 모습에 비친 거울로
자기 모습에 투영된 빛으로
대우주의 사랑을 온몸으로 느끼고
표현하고 있는 것입니다.

차원상승이 중요한 이유는 바로
신에 대한 소프트웨어의 업그레이드가
이루어지는 때를 말하는 것이며
그 뒤에 정과 기의 에너지 조정이 이루어집니다.

모든 만물은 자신에게 부여된
정기신의 다양한 모습으로
창조주의 사랑을
대우주의 사랑을 자기 수준에서 느끼고
구현하고 있는 것입니다

모든 만물들이 차원상승을
우주의 축제라고 하는 이유는 다음과 같습니다.
차원상승의 시기에만
정기신의 에너지 조정이 이루어지기 때문입니다.
차원상승으로 에너지 조정이 이루어지고 나면
모든 만물들은
더 높은 수준의 사랑을 느끼고
더 높은 수준의 사랑을 구현할 수 있으며
더 높은 수준의 사랑을 창조할 수 있기 때문에
진화의 여정에 참여하고 있는 것입니다.

우리 모두는 하나입니다.
이 세상 만물은 창조주의 사랑으로
창조되었기 때문입니다.
창조주의 사랑은
돌멩이 하나에도 들어 있으며
풀 한 포기에도 들어 있으며
꽃 한 송이에도 들어 있으며
생명이 없는 무생물의 존재들에게도
창조주의 사랑에너지는 들어 있습니다.
생명을 가진 의식이 있는 존재들에게도
층위별로 창조주의 사랑을 상징하는
페르미아 에너지는 모두 들어 있습니다.

대우주에 흐르고 있는 사랑의 에너지를
페르미아 에너지라고 하며
에너지들이 하나의 의식으로 질서 있게
통합되어 있는데 이것을 전체의식이라고 합니다.

우주는 사랑으로 가득합니다.
이 우주는
창조주의 사랑으로 창조되었으며
창조주의 빛으로 탄생되었기 때문입니다.
창조주의 사랑으로 영혼백이 탄생되었으며
창조주의 의지(빛)로 사고조절자가
탄생되었습니다.

우주는 창조주의 사랑을 담아내기 위해
우주는 창조주의 사랑을 표현하기 위해
창조되었습니다.
같은 하늘 다른 곳에 있지만
다른 하늘 다른 곳에 있지만
대우주에 존재하는 모든 만물들은
자기 의식의 층위에서
자신의 진동수의 층위(차원)에서
창조주의 사랑과 창조주의 의지를
펼쳐 보이고 있는
창조주의 자녀들이며
창조주의 신성의 표현이며
창조주의 또 다른 이름이며
창조주의 또 다른 모습이며
창조주의 분신들입니다.

세상 만물은
창조주의 사랑이라는
큰 그릇에 담긴 팥죽과도 같습니다.
팥죽을 담는 그릇의 크기와 모양이 다를 뿐
다양한 크기와 모양의 그릇에 담겨 있는
팥죽이 바로 만물의 본질이며
그 본질은
창조주의 사랑이며 창조주의 신성인 것입니다.

서로의 모양이 다르고 서로의 쓰임이 다르고
서로 구현하는 의식이 다르고
서로 창조할 수 있는 능력이 다를지라도
우리 모두는 각자의 수준에서 각자의 자리에서
창조주의 사랑을 표현하는 귀하고 귀한 존재들입니다.

같은 하늘 같은 곳에 있어도
같은 하늘 다른 곳에 있어도
다른 하늘 다른 곳에 있어도
다른 하늘 같은 곳에 있어도
우리는 창조주의 사랑 안에서
대우주의 사랑 안에서
창조주의 사랑 속에서
서로 하나로 연결되어 있습니다.
이것을 전체의식이라 합니다.

물질 체험을 위해
잠시 전체의식에서 벗어난 인류만이
물질 체험을 통한 공부를 위해
영혼의 진화를 위해

사랑을 잊어버리고 있을 뿐입니다.
잊지 마십시오.
우리 모두는 창조주의 자녀들입니다.
더 큰 사랑을 창조하기 위해
더 큰 우주의 사랑을 배우기 위해
더 큰 사랑을 체험하기 위해
이곳 물질의 매트릭스가
가장 강한 아름다운 지구에
영혼의 여행을 위해 창조주의 곁을 떠나 온
자녀들이라는 것을 기억하시기 바랍니다.

우리 모두는
창조주 곁으로 돌아가고 있는 중입니다.
우리 모두는 각자의 수준에서
창조주의 사랑을 느끼고
창조주의 사랑을 구현하고 있으며
창조주의 사랑을 창조하고 있는
창조주의 신성을 품고 있는
창조주의 자녀들임을 잊지 마십시오.
우리 모두는
서로 다른 모습으로 서로 다른 진동수에 있지만
서로 다른 곳에 있지만 대우주의 사랑 속에
창조주의 사랑 속에서 하나입니다.

당신은
창조주의 사랑을 배우고
창조주의 사랑을 나누어 주기 위해
이곳 지구 행성에 온 위대한 영혼이라는 것을
기억하시기 바랍니다.

창조주의 숨결과 생명 에너지

생명은 한 호흡에 있습니다.
들이마신 숨이 밖으로 나오지 못하면
죽는 것이 생명이 가진 운명입니다.
생명은 의식을 구현합니다.
**생명은 생명력의 에너지를 발산하는데
이것을 생명장 에너지라고 합니다.**
생명장이 확장되면서 오라 에너지가 됩니다.

이 세상 만물은
창조주에 의해 창조되었습니다.
창조주께서 세상 만물을 창조할 때
페르미온이라는 에너지로 창조하셨습니다.
페르미온은 창조주의 사랑 에너지입니다.
페르미온은 미립자와 소립자들의 세계이며
음의 성질을 갖는 창조근원의 에너지 입니다

페르미온은
눈에 보이지 않는 에너지로서
물질을 구성하는 가장 작은 에너지로서
음의 성질을 가지고 있으며
창조주의 사랑의 에너지를 상징합니다.
사랑으로 우주가 창조되었다는 말은
물질의 창조가 바로 이 페르미온으로
이루어졌기 때문입니다.
만물에 창조주의 신성이 깃들어 있다는 말은

바로 모든 만물은 페르미온 에너지로
구성되었기 때문입니다.
페르미온 음 에너지는
창조주께서 만물을 창조하는 질료입니다.
창조주의 양에 해당되는 에너지는
18차원의 파라다이스에 존재하는
빛의 생명나무에서 퍼져 나오는 빛입니다.
대우주의 모든 생명들을 성장시키는
이 빛을 창조주의 신성의 빛이라고 합니다.

생명체 내에 있는 페르미온 음 에너지와
창조주의 신성한 빛인 양 에너지가 만나면
페르미아라는 에너지가 됩니다.
페르미아를 정이라고 합니다.
페르미아 에너지는 흰빛으로
몸에서 제일 가까운 제 1 오라장을 만들어 냅니다.
페르미아 에너지가 충만할 때
정은 충족이 된 것이며
생명은 생명체가 누릴 수 있는
최대의 향락을 누릴 수 있기 때문입니다.

생명이 생명으로 존재하는 이유와
태양이 태양으로 존재할 수 있는 이유와
행성이 행성으로 존재할 수 있는 이유는
바로 창조주의 사랑의 에너지인 페르미온이
창조주의 신성의 빛에 의해
페르미아 에너지가 충만해지기 때문입니다.
이것이 대우주가 순행하는 원리이며
창조주의 사랑으로 대우주가 존재하는 이유입니다.

파라다이스 빛의 생명나무에서 발산하는
창조주의 신성의 빛은 수많은 에너지 증폭 장치인
눈에 보이지 않는 피라미드들에 의해
대우주의 구석구석으로 쉼 없이
생명의 에너지를 전달하고 있는 것입니다.

창조주의 신성의 빛은 창조주의 숨결입니다.
창조주의 숨결은 페르미온들을
페르미아 에너지로 활성화하여
모든 만물의 기초가 되는 정을 형성합니다.
세상의 모든 만물들과 행성과 항성들과 대우주는
이 창조주의 숨결에 의해 유지되고
진화를 할 수 있는 것입니다.
창조주의 신성의 빛을 받지 못하게 되는
생명들은 정을 생성하지 못하고
정을 생성하지 못하면 생명을 유지할 수 없으며
죽을 수밖에 없습니다.
행성과 항성들 역시 창조주의 신성의 빛을
받지 못하면 행성과 항성들은
진화를 멈추게 되며 빛을 잃게 됩니다.

대우주는 창조주의 사랑의 에너지인
페르미온 에너지(음)로 창조되었으며
파라다이스의 빛의 생명나무에서 출발한
창조주의 신성의 빛(양)을 받아
페르미아 에너지가 됩니다.
이 페르미아 에너지로
모든 만물들은 구성되어 있습니다.
세포 하나하나에서부터

한 생명 한 생명에 이르기까지
생명이 있는 모든 존재들과
의식이 있는 모든 존재들은
창조주의 사랑 속에
창조주의 숨결 속에
창조주와 늘 함께 동행하고 있는 것입니다.
창조주의 사랑을 떠나서는
우리 모두는 존재할 수도 없으며
창조주의 사랑 속에서
우리 모두는 분리될 수 없는 하나입니다.

시절인연이 되어
의식이 깨어나고 있는 인자들과
깨어나고 있는 빛의 일꾼들을 위해
우데카 팀장이
우주의 진리를 전합니다.

생명 탄생의 원리

세상 만물은 페르미온이라는
에너지로 되어 있습니다.
페르미온은
창조근원(18차원 18단계)의 에너지로 창조되었으며
음의 성질을 가지고 있습니다.
우주를 창조한 에너지의 기원은 페르미온이며
창조근원의 에너지입니다.
페르미온은
미립자와 소립자의 세계를 말합니다.

창조주의 신성한 빛은
양의 성질을 가지고 있습니다.
창조주의 신성한 빛은
창조주이신 알파께서 주관하시는 빛입니다.
알파는 18차원 17단계를 주관하시는
무한영을 말하는 것이며
파라다이스(18차원)의 빛의 생명나무를
주관하시는 분이십니다.

페르미온 에너지는 (18차원 18단계)
창조주의 신성의 빛(18차원 17단계인 알파)의
작용에 의해 페르미아 에너지로 탄생이 됩니다.
페르미아 에너지는 원자에 해당되며
정(精)에 해당됩니다.
페르미아 에너지는 음과 양을 가지고 있으며

페르미아 음 에너지 : 원자핵
페르미아 양 에너지 : 전자

페르미아 에너지인 정에
기(氣)라는 에너지가 더해져 분자가 탄생됩니다.
정과 기를 합쳐 정기라고 합니다.
정기는 분자에 해당됩니다.
기 역시 에너지입니다.
그 행성 가이아의 에너지를 기라고 합니다.
기는 곧 가이아의 의식을 상징합니다.
기를 가이아의 백 에너지라고 합니다.

분자는
창조주(18차원 15단계 오메가)의 에너지인
생명운반자의 에너지의 작용으로
생명의 기본 단위인 세포가 탄생됩니다.
생명운반자는 유리엘 그룹이며
생명의 탄생과 관련하여
전문적인 역할을 맡고 있습니다.
생명운반자들은 18차원 15단계 오메가의
특수 에너지 분화입니다.
행성 가이아들을 도와
천계(영계)에서 봉사하고 있습니다.

생명운반자들은
우주에 존재하는 모든 종족들을 탄생시킨
전문가 그룹들입니다.
호모 사피엔스 역시 이들 그룹에 의해 탄생되었습니다.
우주에서는 이들을 유리엘 그룹이라 하며

약사여래 그룹들이라 합니다.
18차원 15단계 창조주이신 오메가의
특수 에너지 분화입니다.

생명은 정기신으로 구성되어 있습니다.
정은 물질의 기본 단위이며 원소
기는 가이아의 백 에너지이며
신은 창조주의 숨결이며
신은 생명운반자들을 말합니다.

생명 탄생의 메커니즘은 다음과 같습니다.

| 페르미온 | 창조근원의 에너지(18차원 18단계) |

| 신성의 빛 | 알파의 에너지(18차원 17단계) |

| 페르미아 에너지(원자) | 창조근원의 에너지와 무한영(알파)의 에너지 결합 |

| 분자의 탄생 | 정과 기의 결합
페르미아 에너지와
행성 가이아의 백 에너지 결합 |

| 세포의 탄생 | 분자 + 생명운반자(오메가) 에너지 |

| 생명의 탄생 | 창조근원의 에너지
+ 무한영(알파) 에너지
+ 오메가의 에너지
+ 행성 가이아의 백 에너지 |

'나는 빛이요 생명이며 알파와 오메가입니다'가 갖는
생명 탄생의 우주의 비밀입니다.

이제는 때가 되어
생명 탄생의 비밀을
대우주의 진리를
우데카 팀장이 전합니다.

생명 탄생의 원리

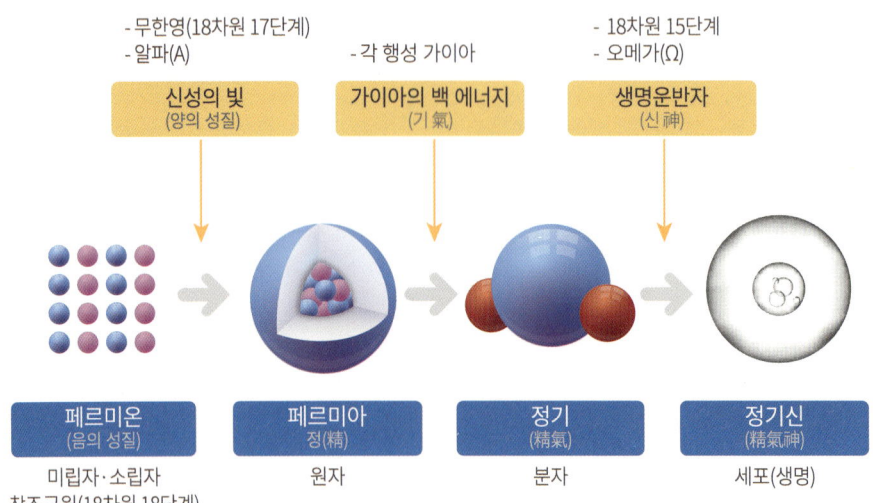

삼신할머니와 마고할머니

생명의 탄생은
신비스러운 것이며 경이로운 것입니다.
생명의 탄생은 축복입니다.
생명의 탄생은
자연의 위대함이며
여성성의 위대한 측면입니다.
생명은 영과 혼이라는 에너지에
백 에너지가 합쳐 탄생이 됩니다.
영은 창조주로부터 탄생되었습니다.
혼은 지역우주의 물질계를 관리하는
11차원의 최고 관리자에 의해 부여됩니다.
백은 그 행성의 가이아로부터 부여됩니다.

생명이 있는 모든 존재들은
영혼백이라는 에너지를 가지고 있습니다.
이것을 정기신이라고 표현합니다.
옛날 우리 조상들은 생명을 점지해 주는
인격적인 존재가 있다고 믿었으며
생명의 탄생과 관련하여 어떤 초월적인 존재가
주관하고 있을 것이라고 믿어 왔습니다.
삼신할머니*라고 알려져 있으며
오래된 전설이나 기록에는
마고할머니*라고 알려져 있습니다.
삼신할머니와 마고할머니라고 알려져 있는
이분들이 실제로 하늘에 존재하지는 않습니다.

삼신할머니(三神-)
전통신앙에서 아이의 출산과 관련된 신.
생명의 3요소인 정기신을 삼신(三神)이라고 하는 것과 연관되어 있음

마고할머니(麻姑-)
여러 전설 속에서 전해져 내려온 세상을 만든 거대한 여신으로 대모신(大母神), 지모신(地母神)으로도 불림

고대인들의 의식 수준에서
생명의 탄생을 설명할 수 있는
의식의 반영이었을 뿐
실제로 이런 역할을 하는 인격성을 가진 존재는
이 우주에 존재하지 않습니다.

부족이나 민족들의
탄생 신화나 전설들 중에
여성들이 있는 경우가 있습니다.
삼신할머니와 마고할머니라고
알려져 있는 존재들은
생명의 탄생을 주관하는 존재로
인류의 탄생 시조로 등장합니다.
생명의 탄생이 갖고 있었던 신성함을
여성성에서 찾고 있었던 것입니다.
남성 중심주의 사회에서
민족이나 부족의 시조들은 대부분
남성들로 표현되는 경우가 대부분입니다.

하늘이 있기에 땅이 있는 것입니다.
하늘의 계획이 있기에
땅에서의 펼쳐짐이 있는 것입니다.
하늘의 의지가 있기에
땅은 생명을 품을 수 있는 것입니다.
자연의 변화를 주관하고
땅에 생명력을 부여하고
생명이 있는 곳에
의식을 부여하는 존재들이 있습니다.
우주에서는 행성의 가이아라고 합니다.

하늘은 영과 혼을 부여하는 곳이며
하늘은 영혼이 체험해야 할
삶의 프로그램을 설계하고 운영하는 곳입니다.
땅은 영과 혼에 물질(외투)을 부여하고
물질에 생명의 기운을 불어넣어 주고
생명을 탄생시킵니다.
땅은 탄생한 생명에 의식을 부여합니다.
이 모든 것을 주관하시는 분은
그 행성의 가이아 어머니입니다.
행성의 가이아 어머니를
삼신할머니와 마고할머니라고
우리 조상들은 인식하였습니다.

영과 혼은 에너지체이며
영혼은 프로그램된 에너지체입니다.
에너지체로 존재하는 천사님들이나
에너지체로 존재하는 고차원의 존재들은
높은 의식을 구현할 수 없습니다.
에너지체로 존재하는 분들은
사고조절자에 입력되어 있는
프로그램된 내용에 따라 활동할 뿐입니다.
생명을 가진 존재만이
감각을 가지고 감정을 가지고
의식을 가지고 자유의지를 가진
육신의 옷을 입은 생명을 가진 존재들만이
높은 의식을 구현할 수 있으며
창조의 능력을 펼칠 수 있는 것입니다.
이것이 우주의 법칙입니다.

행성의 로고스

행성을 구성하는 행성 자체의 개체성을 가진 의식이며 행성의 주인.
로고스(logos)란 철학에서 만물을 구성하는 질서와 원리라는 뜻

생명을 가진 모든 존재들은
의식을 구현하는 시스템을
생명의 탄생과 함께
행성 가이아를 통해 부여 받게 됩니다.
행성을 책임지는 최고 책임자를
그 행성의 로고스*라고 말하는 이유가
여기에 있습니다.
금성은 13차원을 가진 행성 가이아이며
목성은 15차원을 가진 행성 가이아이며
지구는 17차원을 가진 행성 가이아입니다.
생명체에는 반드시 의식을 구현하는
의식구현 시스템이 장착되어야 합니다.
영혼의 크기에 따라
행성 가이아로부터 받는
백 에너지의 크기가 결정이 됩니다.
행성의 차원이 높을수록
영혼백의 크기(양)를 많이 필요로 하며
메타 의식구현 시스템 또한
높은 사양이 설치됩니다.
금성에서 태어난 인류에게는
호모 사피엔스의 몸에 구현되는
메타 의식구현 시스템 중
가장 낮은 단계의 프로그램이 설치되며
목성은 중간 단계의 의식구현 시스템이
설치되는 것입니다.
지구는 가장 높은 의식을 가진 행성이므로
지구에 태어나는 장미꽃은 금성과 목성의
장미꽃에 비해 높은 의식을 구현할 수 있습니다.
이것이 행성 가이아 의식이 갖는 우주의 진실입니다.

지구 행성은
가장 밝은 빛이 주관하고 있는 행성입니다.
가장 밝은 빛이 있는 행성에서
가장 어둠이 짙도록 물질 매트릭스의 난이도를
높게 설치해 놓았습니다.
빛과 어둠의 양극성이 강한 행성에서
호모 사피엔스의 메타 의식구현 시스템을 통한
다양한 창조 능력들을 실험하였습니다.
우주의 7주기는
대우주에 호모 사피엔스가 우점종이 되는
시대가 펼쳐질 것입니다.
지구 행성은 호모 사피엔스를 통한
하늘의 거대한 실험장이었습니다.
지구에 입식된 모든 생명체들에 설치된
의식구현 시스템들에 대한 실험이었습니다.
지구 역사 250만 년 동안의
모든 실험 데이터들이 확보되었습니다.

지금까지 지구 행성에서의 실험은
매우 성공적이었습니다.
이제는 실험행성으로서의 역할을 끝내고
지구 행성은
정신문명으로의 차원상승을 앞두고 있습니다.

시절인연이 있는 인자들과
깨어나고 있는 빛의 일꾼들을 위하여
우데카 팀장이 우주의 진리를 전합니다.
여러분들 모두 고생하셨습니다.
모두들 수고하셨습니다.

빛의 심판 : 23코드와 32코드

하늘은 인격을 가지지 않았습니다.
신은 인격을 가지고 있지 않습니다.
창조주 역시 인격을 갖고 있지 않습니다
인간처럼 감정을 가지고 있지 않습니다.
옳고 그름으로 세상을 보지 않습니다.
화를 내거나 심판하지도 않습니다.
오직 에너지체로 봉사하면서 관찰자와 관리자로서
우주의 부모의 역할을 하고 있을 뿐입니다.

영혼들의 물질 체험을 통한 진화를 위하여
영혼들의 우주학교를 위하여
행성의 매트릭스를 설치하고
행성의 매트릭스를 관리하고
행성의 모나노 시스템을 운영하고
생명을 탄생시키고 의식구현 시스템을
부여하고 관리하고 있을 뿐입니다.
하늘이 하는 임무와 역할입니다.

지금은 지구 행성의 진화 과정상
물질 행성에서
정신문명으로의 대전환을 앞두고 있습니다.
인간에 대한 심판이 아니며
민족에 대한 심판도 아니며
종교에 대한 심판도 아니며
누군가를 단죄하기 위한 심판도 아닙니다.

하늘이 예정한 대로 하늘이 계획한 대로
하늘이 설치해 놓은 물질의 매트릭스를 철거하는 것이며
하늘이 설치해 놓은 종교 매트릭스들을 철거하는 것이며
본래 하늘의 것들을 하늘로 되돌려 놓는 것뿐입니다.
때가 되어 일어날 일이 일어나는 것뿐입니다.

지구 태양계는 지금 우주의 대주기 속에 있는
광자대를 통과하고 있는 중입니다.
행성이 은하의 밤을 마치고 물질문명을 종결할 때는
빛의 심판 또는
빛의 축복이라는 광자대를 거쳐야 합니다.
광자대 빛의 기원은
파라다이스에 있는 빛의 생명나무입니다.
광자대의 빛은
창조주의 숨결이라고 알려져 있으며
모든 생명을 이루는데 꼭 필요한 질료이며
이것을 창조주의 신성의 빛이라고 합니다.
창조주의 신성의 빛 = 성경 표현으로 알파 = 무한영
= 18차원 17단계 창조주께서 주관하는 빛입니다.
광자대✦는 거대한 도너츠 모양이며
창조주의 신성의 빛이 고밀도로 압축되어 있는 빛입니다.

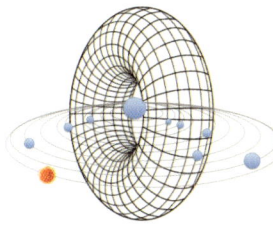

광자대(光子帶 Photon belt)

18차원 17단계 창조주 무한영의 신성의 빛이 고밀도로 압축되어 있는 빛의 띠

- 페르미온 = 창조근원의 빛 = 18차원 18단계
- 페르미온에 창조주의 신성의 빛이 작용하면
  페르미아 생성 = 정 = 원자나 원소 형성
- 정 + 기 (행성 가이아의 백 에너지) = 분자
- 분자 + 생명운반자 (오메가 = 18차원 15단계) = 세포

생명은 창조근원과 알파와 오메가에 의해 탄생이 됩니다.

광자대를 빛의 심판이라고 하는 이유는
다음과 같습니다.

생명은 물질의 기본 질료인
페르미온이라는 창조근원의 에너지와
알파의 신성의 빛과
오메가의 생명운반자 에너지와
그 행성 가이아의 백 에너지로 탄생됩니다.
광자대를 통과하기 전에는
페르미온이 물질의 기초인 페르미아로 생성될 때
일정한 비율이 존재합니다.
페르미온과 신성의 빛과 생명운반자 에너지는
창조주들의 에너지이기에 부족함이 없습니다.
유일하게 부족한 것은 생명이 탄생될 때
행성의 가이아에게서 한 번 공급받는 백 에너지이며
추가적인 공급이 매우 제한적입니다.
생명의 탄생 즉 세포의 지속적인 분열이
중단되는 이유는 백 에너지의 양이 제한되기 때문이며
이 때문에 생명의 수명은
그 행성의 가이아가 행성의 문명 발달이나
대기 환경 등을 고려하여 백 에너지 양을
조절하면서 꾸려가고 있습니다.
평소에는 행성 가이아의 백 에너지의 양으로
생명의 수명들을 결정하게 됩니다.
행성이나 항성이나 은하들이 광자대에 들어갔을 때는
페르미온이 페르미아 에너지로 형성되는 비율에
기형적인 변화를 가져오게 됩니다.
페르미온에서 페르미아 에너지가 많이 형성되면
페르미아 에너지는 백 에너지와 결합하여

세포 분열의 급속한 증가로 이어져
생명체들은 심각한 부작용을 가져오게 됩니다.
정의 급격한 소모로 인한
세포 분열의 급격한 증가
세포의 노화와 세포막의 파괴
면역 세포들의 비이상적인 반응
모든 생명체들의 면역체계의 붕괴
각종 돌연변이 세포들의 급속한 증가
암세포들의 폭발적 증가 등을 가져오게 됩니다.

광자대 영향으로 인하여
과잉 생성된 페르미아(정) 에너지는
생명체들의 신진대사를 항진시킵니다.
페르미아가 생성되는 정상적인 비율을 1로 보면
마라톤 선수가 완주할 때 10
등산할 때 3
운동선수 25(최대치)
페르미아가 많이 생성될수록 백 에너지의 급속한
소비로 이어지고 대사 항진이 발생하며
노폐물 증가와 면역 질환이 발생하게 됩니다.

행성의 입장에서 보면
평상시에 페르미온이 페르미아로 변환되는
정상 수치를 1이라 하면
광자대 영향으로 페르미아가 과잉 생성될 때
생명이 견딜 수 있는 임계점이 23
생명이 모두 죽게 되는 임계점은 32입니다.
23은 광자대의 빛으로 인하여
행성의 변화를 시작하는 임계점을 뜻하는 숫자이며

행성의 문명의 종결을 뜻하며
변화를 알리는 코드입니다.
32는 문명이 종결되는 마지막 정점이며
문명 종결의 끝 지점과 새로운 시작을
알리는 코드입니다.

지구 행성에서 광자대로 인하여
페르미온이 페르미아 에너지로 변환되는 비율이
23을 넘게 되는 날은
2016년 10월 23일입니다.
32의 마지막 지점은
지축의 정립이 완성되는 시기를 말합니다.
23과 32사이에 인류가 한 번도 경험하지 못한
지축의 정립이 있을 것입니다.

광자대 영향으로 인하여
페르미온이 페르미아로 변환되는 비율
23코드와 32코드는
지구 행성의 변화를 알려주는 타임라인이며
하늘이 인류에게 알려준 비밀 코드임을 전합니다.
시절인연이 되어
의식이 깨어나고 있는 인자들과
깨어나는 빛의 일꾼들을 위하여
우데카 팀장이 기록의 필요성이 있어 이 글을 남깁니다.

2016년 10월 23일을 기점으로
지구의 행성에는 인류를 보호하기 위해
살 사람은 살아야 하기에
깨어나야 할 인자들은 깨어나게 하기 위해

지구 자기장이 임계점 23에 비례하여
조금씩 강해질 것입니다.
중력 또한 조금씩 강하게 미세조절될 것입니다.
하늘에 의해 차크라들이
인 맞은 자들을 중심으로 열리게 될 것입니다.
지구 가이아의 게(Ge)에너지가 활성화될 것입니다.
차크라는 몸의 진동수를 높이기 위한
하늘의 선물이며
몸의 진동수가 높아져야 광자대로 인한 부작용을 막는
가이아의 게(Ge)에너지를 몸에 축적하여
바이러스 난으로부터 생명을 지킬 수 있게 될 것입니다.

지구 행성은 이제 돌아올 수 없는
대변화의 시대를 맞이하게 될 것입니다.
광자대의 영향으로
페르미아가 과잉 생성되는 비율이
지구 행성의 타임라인을 알려주는 지표입니다.
1에서부터 23까지는
가이아의 게 에너지에 의해 보호를 받게 됩니다.
23 이후부터 과잉 생성된 페르미아는
생명체에 치명적인 부작용을 가져오게 될 것입니다.
지구 행성 역시 23이 임계점이며
이 임계점을 넘기 시작하면
본격적인 행성의 변화가 시작될 것입니다.
23 = 문명의 종결 = 변화의 시작
32 = 정신 문명의 시작 = 물질 문명의 종결
23코드와 32코드는 광자대로 인한
지구 변화의 타임라인이며
우주의 비밀입니다.

빛의 심판 : 바이러스 난의 실체

가이아의 게(Ge)에너지와
가이아의 백 에너지는 같은 말입니다.
생명은 창조근원의 페르미온 에너지(-)와
알파의 신성의 빛(+)과
오메가의 생명운반자의 에너지와
행성 가아아의 게(Ge)에너지에 의해 탄생됩니다.

생명체들을 구성하고 있는
창조주들의 에너지는 사랑으로 되어 있으며
창조주들의 에너지는 무한합니다.
행성 가아아의 게 에너지를 백(魄)이라고 합니다
생명의 유한성은 게 에너지의 부족에서
시작되는 것입니다.
모든 행성마다 게 에너지는 존재하며
차원별로 기원별로 다양하게 존재합니다.

행성이 광자대를 통과할 때
가이아의 게 에너지는 생명들을 광자대로부터
보호하고 지켜주는 에너지입니다.
페르미온이 페르미아가 될 때
광자대의 영향으로
페르미아가 비정상적으로 많이 생성됩니다.
이 활성화되는 속도와 비율을
늦추어 주는 역할을 가이아의 게 에너지가 하게 됩니다.
생명이 탄생될 때 부여되는 게 에너지는

소모성이며 다시 채워지지 않는 특성이 있습니다.

몸의 진동수가 높아지고
차크라가 열렸을 때
의식이 높아졌을 때
우리 몸에 가아아의 게 에너지는 집적되게 됩니다.
집적된 가이아의 게 에너지는
생명을 직접 연장시키는 역할을 하지는 못하지만
광자대의 영향으로 생기는
생명체들의 부작용을 줄여주고
생명체들을 보호하는 역할을 합니다.

광자대 영향으로 페르미아의 과잉에 따른
에너지 불균형으로 인한 증상은 다음과 같습니다.

- 가벼운 두통에서 심한 두통
- 메스꺼움과 구토 증상의 지속
- 숨이 찬 증상
- 어지러운 증상
- 불안감이나 두려움 등이 생김
- 심장이 벌떡거리는 증상
- 이명 현상, 환청, 환시
- 면역 이상으로 인한 질병
- 원인을 알 수 없는 피부병이나 가려움
- 원인을 알 수 없는 암들의 폭발적 증가
- 우울증이나 조울증
- 몸이 무겁고 의욕 상실
- 감정 조절이 안 되는 폭발적 분노 장애
- 대사 항진 - 갑상선 질환의 폭발적 증가

광자대의 영향으로
페르미온이 활성화되어
페르미아가 과잉 생성됩니다.
인체의 신진대사 기능들이 활성화됩니다.
이로 인해 면역 체계가 서서히 무너지게 됩니다.
이 때 가이아의 게(Ge)에너지가 완충 작용을
해주는 인자들은 부작용이 적을 것입니다.
자기장과 중력이 상대적으로 높은
역장(안전지대) 역시 부작용들이
줄어들거나 없어지게 됩니다.
가이아의 게 에너지가 몸에 집적이 많이 된 사람일수록
건강하며 이상 증상이 거의 나타나지 않습니다.

광자대를 빛의 심판이라고 하는 이유가
여기에 있습니다.
광자대 빛으로 인한 부작용을 해결하는
세 가지 요인 모두가 인간의 의지와 노력으로
얻을 수 있는 것이 아니라
오직 하늘에 의해서만 가능하기 때문입니다.
가이아의 게 에너지를 몸에 저장하기 위해서는
몸의 진동수가 높아져야 하며
몸의 진동수는 차크라가 열려야 하며
영혼백의 에너지 정렬이 있어야 합니다.
이 모든 것은 하늘에 의해서만
하늘의 의지에 의해서만 가능하기 때문입니다.

차크라가 열리고
몸의 진동수가 높아지고
영혼백의 에너지가 정렬이 되어야

가이아의 게 에너지가 충분히 집적된 후
자기장이 강하며 중력이 강한 곳인
역장(안전지대)을 출입할 수 있게 되고
바이러스 난과 질병으로부터
안전할 수 있기 때문입니다.
인명은 재천이라는 말이 갖는 의미입니다.

광자대 빛의 부작용으로 인해
많은 인류들이 육신의 옷을 벗게 될 것입니다.
면역이 약화되면서
가벼운 감기 바이러스나
평소에는 별것 아닌 세균이나 바이러스들이
특별히 강해진 것이 아니라
인류의 면역이 서서히 약화되기 때문에
특별한 바이러스의 출현이 아니더라도
인류들의 생존은 어렵게 됩니다.
바이러스 역시 광자대의 부작용으로
변형된 바이러스가 출현할 것이며
면역이 약해지고 있는 인류들은
속수무책일 것입니다.

이것이 광자대의 빛을
빛의 심판이라고 하는 이유입니다.

여러분들의 건승을 빕니다.

→ 맺음말 ←

천지불인(天地不仁)

하늘과 땅은 인자하지 않습니다.
하늘은 하늘의 길을 갈 뿐이며
땅은 하늘의 펼쳐짐을 집행할 뿐입니다.
하늘과 땅은 사사로움이 없기에
하늘과 땅은 인자할 수만은 없습니다.

하늘은 인자하지 않습니다.
보이지 않는 하늘의 세계가 있기에
보이는 땅의 세계의 펼쳐짐이 있습니다.
하늘은 인자하지 않습니다.
하늘은 만물의 부모이며
하늘은 대우주의 법칙 속에 있으며
대우주의 수레바퀴를 굴려야 하기에
하늘은 인자하지 않습니다.

땅은 인자하지 않습니다.
만물을 성장시키고
만물을 숙성시키고
만물을 열매 맺게 하고
자연은 변화 속에만 스스로를 완성할 수 있습니다.
무서리와 된서리가 있기에
만물은 다음 주기를 준비할 수 있습니다.
땅은 인자하지 않습니다.

빛의 일꾼은 인자하지 않습니다.
사랑을 지키기 위해
더 큰 사랑을 확장하기 위해
한쪽에는 뜨거운 열정을 품어야 하며
한쪽에는 냉정함을 품어야 하기에
빛의 일꾼은 인자하지 않습니다.

하늘은 결코 인류에게 친절하지 않을 것입니다.
땅은 결코 대변화의 중심에서 인류에게
친절하지 않을 것입니다.
하늘과 땅은 결코 인류에게
지구 차원상승 과정에서 친절하지 않을 것입니다.
하늘과 땅은 대변화 과정에서
에고에 갇혀 있는 인류에게
인자하지도 친절하지도 않을 것입니다.
하늘과 땅은 스스로 정한 길을
가슴을 닫고 비장한 심정으로 엄정하게 집행할 것입니다.

빛의 일꾼들은
모두에게 친절하지 않을 것입니다.
돼지에게 진주목걸이는 필요가 없듯
하늘의 시절인연과
좁은 하늘문을 통과한 인자들에게는 친절할 것입니다.
자신의 믿음 속에 저항하는 인자들과
자신의 신념 속에 빠져 대단한 착각 속에서
이 흐름을 이해하지 못하는 인자들과
자신의 경험 속에 갇혀

참 답답하게 살고 있는 인자들을
친절하게 깨우면서 함께하지 않을 것입니다.

빛의 일꾼들은
아무에게나 누구에게나
진실을 전하고
하늘의 진리를 전하지 않을 것입니다.
들을 준비가 되어 있으며
들을 마음이 된 인자들에게만
친절하게 대할 것입니다.

빛의 일꾼들은
광야에서 진리를 외치지 않을 것입니다.
믿으라고 강요하지도 않을 것입니다.
천당과 지옥을 이야기하며
두려움을 주지 않을 것입니다.
빛의 일꾼들은
잠자는 인류들을 모두 깨워서
데리고 가는 역할이 아닙니다.

빛의 일꾼들은
의식이 깨어 있는 인자들과
하늘의 인연법에 있는 인자들을
하늘이 알곡과 쭉정이를 가리고 가려서
펼쳐 놓은 들판에서 알곡만을 수확해야 하는
쭉정이들을 데리고 갈 수 없는
하늘의 일들을 집행하는 추수꾼이며

하늘의 명령을 집행하는 우주의 군인일 뿐입니다.

가슴을 닫고 오직 하늘과 땅을 꼭 닮은
하늘의 추수꾼이며
교정 시간에 인류들을 깨우고 가르칠
교사로서 안내자로서 준비되고 있습니다.

빛의 일꾼들 역시 훈련되어져야 하고
지상에서 만들어집니다.
빛의 생명나무의 우데카 팀장은
빛의 일꾼들을 조련하는 아주 악랄하고
현란함을 갖춘 노련한 훈련 교관입니다.

빛의 일꾼들이 입소할 때가 되었습니다.

빛의 일꾼들의 건승을 빕니다.

그렇게 될 것이며
그렇게 예정되어 있으며
그렇게 될 것입니다.

2016년 9월
우 데 카

진리가 너희를 자유케 하리라

2016년 10월 31일 초판 1쇄 펴냄
2017년 2월 23일 초판 2쇄 펴냄

지은이 | 우데카
펴낸이 | 가이아

펴낸곳 | 빛의 생명나무
등 록 | 2015년 8월 11일 제 2015-000028호
주 소 | 충북 청주시 청원구 직지대로 855 2층
전 화 | 043-223-7321
팩 스 | 043-223-7771

저작권자ⓒ 우데카, 2016
이 책은 저작권법에 의해 보호를 받는 저작물이므로
저자와 출판사의 허락 없이 인용하거나 발췌하는 것을 금합니다.

ISBN 979-11-956656-6-2 03200

• 잘못된 책은 바꾸어 드립니다. • 책값은 뒤표지에 있습니다.